Buch

»Mein Sohn wächst auch nicht schneller, wenn man an ihm zieht!« Das sagt sich die Berliner Bloggerin Lucie Marshall nach einem Jahr Erziehungsexkursion in der aufregenden Inselmetropole London, in der verschiedenste Nationen und Erziehungsstile aufeinanderprallen und deswegen auch so einiges anders läuft …

Witzig, ungeniert und authentisch erzählt die junge Mutter von großem Chaos, kleinen Erleuchtungen und vielen gut gemeinten Ratschlägen.

Autorin

Tanya Neufeldt, geboren 1972, ist Schauspielerin und bekam mit 37 Jahren ihr erstes Kind. Seitdem erzählt sie als Lucie Marshall in ihrem sehr erfolgreichen Blog mit viel Humor und Selbstironie über ihre alltäglichen Herausforderungen als Mutter. Sie schrieb regelmäßig Kolumnen in der *taz* und in der *freundin*, die man neben einer Webserie zum Blog seit März 2016 auch online einsehen kann. Sie lebt mit ihrer Familie in Berlin-Mitte.

Außerdem von Lucie Marshall im Programm

Auf High Heels in den Kreißsaal (auch als E-Book erhältlich)

LUCIE MARSHALL

Mama, I need to kotz!

Was ich in London als Mutter lernte

GOLDMANN

Der Verlag weist ausdrücklich darauf hin, dass im Text enthaltene externe Links vom Verlag nur bis zum Zeitpunkt der Buchveröffentlichung eingesehen werden konnten. Auf spätere Veränderungen hat der Verlag keinerlei Einfluss. Eine Haftung des Verlags ist daher ausgeschlossen.

Verlagsgruppe Random House FSC® N001967

1. Auflage
Originalausgabe Juli 2016
Wilhelm Goldmann Verlag, München,
in der Verlagsgruppe Random House GmbH
© 2016 Wilhelm Goldmann Verlag, München,
in der Verlagsgruppe Random House GmbH,
Neumarkter Straße 28, 81673 München
Umschlag: Uno Werbeagentur, München
Umschlagmotiv: Lucie Marshall; FinePic®, München
Satz: Buch-Werkstatt GmbH, Bad Aibling
Druck und Bindung: GGP Media GmbH, Pößneck
JT · Herstellung: IH
Printed in Germany
ISBN 978-3-442-17548-2
www.goldmann-verlag.de

Besuchen Sie den Goldmann Verlag im Netz

Inhalt

Vorwort: Mein zweites Buch 8

Am Anfang war der Ort 11

London Calling 12
Getting Ready 17
Welcome! 25
First Days 29
From bad to worse 38
Die Suppe, die man sich
eingebrockt hat 44
Heul-Skypen mit Raffaella 50
Der Elternabend 56
It's raining, it's pouring,
the old man is snoring 66
Eine Dusche in meinem
Arbeitszimmer 74

Inhalt

Wer zuerst lacht, lacht am längsten 87

Michiko – eine Japanerin in London 88
Auf Immobilienjagd in London 100
Wo unsere Wurzeln sind … 107
Good for you, not for me 112
Monstertrucks und Sockenrebellion 118
Adam – ein Papa unter vielen Mamas 123
Kindergeburtstage 130

Who am I? 139

Anders sein in einem anderen Land 140
Amy – an American Mummy 143
Ein Hoch auf die Briten 147
Brauchen Kinder Tiere? 153
Marisa und Sabine – noch mehr Mütter,
noch mehr Perspektiven 161
Meine U7 oder:
Die Mutterolympiade 168
Drillinge am Nachmittag 176

Happy Endings 181

Bleiben wir? Bleiben wir nicht? 182
Maria und ich 189
Meine kleine Welle 197
Friedenspfeife rauchen 204

Inhalt

Der Blick zurück nach vorn 209

Es geht zurück 210
Back in Berlin oder London-Kater 218
Die Schuld der Geburt 223
Raffaella fragt 232
Sams fünfter Geburtstag 238
Sams Rückblick auf London 245
Dank 254

Vorwort:
Mein zweites Buch

Mit dem zweiten Buch ist es vermutlich ähnlich wie beim zweiten Kind. Behaupte ich jetzt mal nonchalant, obwohl ich nur eins habe. Tatsache bleibt: Es ist einfach nicht zu vergleichen.

Mein erstes Buch war gar nicht geplant. Ich habe damals ja nur in mein »Gewitterbuch« geschrieben. Ohne Plan oder Verlag. Ich war so verblüfft von der Tatsache, dass dieses Baby, mein Sohn Sam, mein Leben vollständig auf den Kopf gestellt hatte. Ich hätte entweder den ganzen Tag rumrennen und brüllen müssen: »ICH GLAUBE DAS JETZT NICHT!!!« oder mich eben hinsetzen und es aufschreiben. Ja, ich musste.

Ich war wie ein Dampfkochtopf. Und damit ich nicht explodierte, habe ich geschrieben. Mit Pastinaken-Kürbisbrei in den ungewaschenen, zum Pferdeschwanz zusammengebundenen Haaren, sobald Sam auch nur sein

Vorwort: Mein zweites Buch

Köpfchen auf das Kissen legte und endlich schlief. Was er sehr selten tat.

»Es ist ja so schwer, ein Buch zu schreiben!«, jammerte ich einem befreundeten Autor vor (und übrigens auch sonst jedem, der es hören wollte oder auch nicht. An dieser Stelle Dank an die vielen geduldigen Ohren!). Und er nickte. »Hast du schon angefangen?«, fragte er, und ich winkte ab. »Dann ist der Druck noch nicht groß genug. Dann musst du noch weiter prokrastinieren. Das ist ein ganz wichtiger Prozess.«

Das hat mir irrsinnig geholfen. Ich hatte die perfekte Ausrede von einem sehr, sehr, sehr erfahrenen Autor und prokrastinierte munter weiter.

Ich hatte wilde Fantasien davon, dass mein Verlag von einem Dinosaurier verschlungen werden würde, von Außerirdischen entführt oder sich wenigstens in Luft auflöste, sodass ich verschont blieb, das Buch nicht schreiben und den Vorschuss (den ich natürlich schon längst verprasst hatte) nicht zurückzahlen musste. Ich checkte jeden Tag meine Post nach einem Brief mit dem rettenden Inhalt »Liebe Lucie, du musst dein zweites Buch nicht schreiben. Schick uns doch einfach ein paar selbst gemalte Bilder von Sam. Herzliche Grüße, dein

Goldmann Verlag«. Aber leider waren da nur die üblichen Rechnungen, Mahnungen und IKEA-Kataloge, mit denen ich mich ablenken konnte.

Doch eines Tages war das Haus der Prokrastiniererin in mir nicht mehr gemütlich genug, ich musste umziehen und begann zu schreiben. Und ich hatte sogar Spaß dabei. Sehr viel Spaß.

Das Buch, das dabei herausgekommen ist, handelt von unserer Zeit als Familie in London. Aber eben nicht nur von der räumlichen, der äußeren Reise, sondern auch von meiner inneren. Ich habe mein Gefühl von Herkunft neu entdeckt, habe gemerkt, dass man seine Wurzeln stärker spürt, wenn sie nicht im vertrauten Erdreich verankert sind. Ich habe einen anderen Blick für mich, meine Familie und unsere gemeinsames Leben geschenkt bekommen. Und: Ich habe einen Koffer mit Dingen gepackt, die ich aus London gerne mit nach Berlin nehmen möchte.

Ich wünsche euch viel Spaß beim Lesen. Und bei der Reise. Ein möglicher Selbstfindungstrip ist quasi der Bonus zum Buch.

Eure Lucie

Am Anfang war der Ort

London Calling

»Lucie, was hältst du von ein paar Monaten in London?«, fragt mich Marc an einem dunklen Abend im November und hat das Fragezeichen noch nicht ausgesprochen, da rufe ich bereits: »JA!«.

Marc pendelt seit mittlerweile fast einem Jahr beruflich zwischen Berlin und London hin und her. Was uns zunächst als zwei Tage London pro Woche verkauft wurde, entpuppte sich ziemlich schnell zu einer Viertagewoche in der britischen Hauptstadt. Er ist grundmüde vom vielen Reisen, den schlechten Hotelbetten, und kaum ist er zu Hause, nimmt Sam ihn sofort in Beschlag. Und dann ist da noch diese nörgelnde Ehefrau: »So war das aber nicht ausgemacht, dass du hier jetset-mäßig unterwegs bist und ich Haus und Hof instand halte …«

Ich weiß, dass es nicht wirklich jetset-like ist, morgens um 6 Uhr die liebevoll Rote-Augen-Bomber genannte Maschine nach London zu nehmen, zum Frühstück in der einen Hand ein Pappbrötchen, in der anderen einen

November

überbrühten, labbrigen Kaffee, dazu noch eine Stunde Zeitverschiebung, die einen durch den Tag wanken lässt wie einen Leichtmatrosen auf hoher See, um dann nach einem langen Arbeitstag in ein anonymes Hotelzimmer zu stolpern, das zwar den Preis einer Luxussuite hat, sich aber leider als dunkles Dusch-Klo mit angeschlossener Schlafgelegenheit herausstellt. Aber ich bin trotzdem neidisch. Mein Leben ist ein öder Trott aus jeden Tag Fischstäbchen und »Puh, der Bär« vorlesen. Ich würde gerne mal wieder raus aus Berlin.

Verbindet mich irgendetwas mit London? Nicht wirklich, nein. Ich war vor einem Jahr für ein Wochenende dort. Es war herrlich, aber wenn man mich in der Stadt aussetzen würde, hätte ich keine Ahnung, wo es langgeht.

Wir haben die Queen als Winkemadame mit Solarbetrieb zu Hause auf dem Fensterbrett stehen. Auf ihrer Handtasche befinden sich Solarzellen. Wenn die Sonne scheint, dann winkt sie hysterisch und hat bestimmt schon eine Sehnenscheidenentzündung im Handgelenk. Allerdings hat Sam schon so oft mit ihr gespielt, dass die Rückseite ihres Kleides lädiert ist. Jetzt winkt sie halt mit nacktem Po. Was noch? Wir sehen uns zu Weihnachten immer den Film »Love Actually«, also »Tatsächlich ... Liebe« an und weinen dann zusammen mit unseren Nachbarn, wenn Colin Firth stotternd und in schlechtem Portugiesisch seiner Angebeteten den Heiratsantrag macht. Irgendwie ist das für mich London: eine Mischung aus andauernder Weihnachtsstimmung, viel Liebe und Hugh Grant, der zu »Jump« von den Pointer Sisters in der Downing Street die Treppe heruntertanzt.

Ach, und: meine Lieblingsweingummis kommen aus England, und unsere Vorratsschränke sind immer bis auf den letzten Platz mit ihnen gefüllt, weil Marc sie für mich importiert.

Ansonsten ist London für mich immer nur die Zwischenlandung nach New York. In Heathrow kenne ich mich sehr gut aus, aber das wird mir nicht wirklich weiterhelfen.

Kurz gesagt, ich habe keinen blassen Schimmer, auf was ich mich da einlasse. Schon gar nicht mit Kind. Aber Sam ist gerade vier Jahre alt geworden, er geht noch in den Kindergarten. Das leidige Schulthema haben wir also nicht, was soll schon sein? Das riecht nach Abenteuer und das Adrenalin hat bereits angefangen, in meinen Adern zu tanzen.

Die Stadt ist so irre teuer, dass es ratsam wäre, vor dem Umzug im Lotto zu gewinnen oder – wie wir – mit einem deutschen Arbeitgeber hinzugehen.

Aber während ich in New York sofort wüsste, in welches Apartment, in welchem Haus und in welche Straße

November

ich ziehen wollen würde und mir danach noch mindestens sieben Leute einfallen, die ich wegen eines Kindergartenplatzes anrufen könnte, fällt mir zu London nicht viel ein. Und ich befürchte, Hugh Grant wird mir in Sachen Kinderbetreuung nicht behilflich sein.

»Lass uns mal nach Wohnungen im Netz suchen«, schlägt Marc vor, und wir sitzen noch am selben Abend mit Laptop auf dem Schoß auf der Couch und begeben uns auf die Suche.

Die allererste Wohnung, die aufpoppt, liegt in Notting Hill. Hugh Grant hat also doch seine Finger mit im Spiel! Sie erstreckt sich über zwei Etagen und ist in einem Stil möbliert, als ob *meine* Finger im Spiel gewesen wären. Außerdem hat sie eine unfassbar schöne Terrasse. Der Wahnsinn! So habe ich mir das vorgestellt! Die Portobello Road ist um die Ecke, der Buchladen aus dem Film *Notting Hill* ebenfalls. Da steht doch überall unser Name drauf. Die ist es!

Der einzige Haken an der Sache: der Preis. Sie ist fast fünfmal so teuer wie unsere Berliner Wohnung.

»Die sind ja völlig irre«, sind wir uns beide einig und sagen fast gleichzeitig empört, »da wird es ja wohl noch etwas anderes geben!«

Wir suchen weiter und sind entsetzt. Entweder sind es ganz offensichtlich absolute Drecksbuden, die zwar ganz eindeutig mit den stehen gelassenen Resten vom letzten Sperrmüll möbliert wurden, aber trotzdem dreimal so teuer sind wie unsere jetzige Mietwohnung. Oder es sind sterile Marmorhöllen mit schwarzen Ledergarnituren und Glitzerkacheln im Bad, die dann allerdings gerne das Zehnfache unserer Berliner Wohnung kosten. Und zwar pro Woche. Denn in England rechnet man die Miete wöchentlich ab. Ist ja auch praktischer. Also für den Vermieter. Denn wenn man das Jahr in Wochen rechnet, sind es 52 Wochen, und man verdient sicher mehr als bei einer Berechnung mit nur zwölf Monaten.

Nach ein paar Stunden Internetsurfen sitzen wir etwas desillusioniert auf der Couch und klappen den Laptop zu. »Lass uns schlafen gehen«, sagt Marc, »ich sag jetzt erst mal in der Firma Bescheid, dass wir grundsätzlich für ein paar Monate bereit wären.«

In dieser Nacht kann ich kaum schlafen. Ich bin fest davon überzeugt, dass wir irgendetwas finden werden, und ich merke, wie mein Motor sich bereits warmläuft für das Abenteuer London.

Getting Ready

»Was du suchst ist eine *nursery*«, erklärt mir Ariane, und ich nicke brav, auch wenn sie es nicht sehen kann, denn wir telefonieren. Ich kenne Ariane gar nicht. Ein Bekannter um drei Ecken hat den Kontakt hergestellt. Ariane ist Schweizerin und lebt seit zehn Jahren in London. Ihre Kinder sind mittlerweile fünf und acht Jahre alt.

Es ist jetzt Anfang Dezember. Der erste Schnee lässt noch auf sich warten, und es regnet unablässig. Das ist schon mal ein guter Vorgeschmack auf London. Seit unserer Entscheidung sind kaum fünf Nächte vergangen, aber da Marc ab Januar in London etwa fünf Monate lang vor Ort arbeiten soll, wollen wir keine Zeit verschwenden. Also, vor allem ich. Ich möchte London auskosten, und es wäre auch für Sam das Einfachste, zum Jahreswechsel in einem neuen Kindergarten anzufangen.

»Du musst dich jetzt allerdings richtig beeilen!«, sagt Ariane ziemlich hektisch, während sie anscheinend Auto fährt und nebenbei ihre Kinder zurechtweist. »In

Getting Ready

die öffentlichen Kindergärten kommst du jetzt gar nicht mehr rein. Die sind total überfüllt. Aber das willst du auch nicht, glaub' mir. Und die privaten Kindergärten schließen schon fast alle ab dem 10. Dezember.«

Ich sitze in der Garderobe unseres Berliner Hippiekinderladens zwischen selbst gedrechselten Garderobenhaken und gehäkelten Schals. Sam ist schon längst in seine Gruppe galoppiert.

»Warum machen die denn zu?«, frage ich ganz naiv, während ich Sams Jacke an seinen Piratenhaken hänge.

»Weihnachtsferien!«, lautet die Antwort.

»Am 10. Dezember???«

»Ja, daran wirst du dich sowieso gewöhnen müssen. Du zahlst einen Haufen Geld, und dann haben die ständig irgendwelche ›breaks‹, also Ferien. Du brauchst auf jeden Fall eine Nanny, sonst wirst du irre. Und wenn ihr im Januar ankommt, dann musst du dich sofort um einen Schulplatz bemühen, wenn du auf eine gute Schule willst. Denn Sam muss dann ja im September eingeschult werden. Darum sei bloß vorsichtig bei der Auswahl der *nursery*. Das hat massive Auswirkungen auf deine Optionen bei der Schulwahl.«

Ariane ist kaum zu bremsen. In meinen Ohren rauscht es. Mein Gott, mir ist schon klar, dass andere Länder an-

Dezember

dere Sitten haben, aber das hört sich an, als ob wir hier über ein NASA-Forschungsprogramm reden oder die Schachweltmeisterschaft – und nicht über einen Kindergartenplatz.

Außerdem hat sie ganz offensichtlich etwas falsch verstanden. Sam ist ja im September noch vier. Da muss er doch nicht schon eingeschult werden.

»Aber wieso denn Schule? Sam wird doch erst Ende November im nächsten Jahr fünf.«, hake ich darum nach.

»Willkommen im britischen Bildungssystem.«, sagt Ariane sarkastisch. »Hier beginnt die Mühle – je nachdem wann der Geburtstag deines Kindes ist – zwischen dem vierten und fünften Lebensjahr. Und in England gibt es keine Option, das Kind zurückstellen zu lassen. Da sind die hier ganz rigoros. Die Schulbildung ist dafür aber wirklich ausgezeichnet! Ich mail' dir eine Liste mit Kindergärten, die in der Gegend um Notting Hill und Kensington liegen und einen guten Ruf haben!«

Nach dem Telefonat sitze ich noch eine ganze Weile stumpf in der Garderobe und verdaue die Flut an Informationen. London und Berlin sind nur knappe zwei Flugstunden voneinander entfernt. In der heutigen Zeit ist das »wie um die Ecke«. Nach München zu fahren dauert das bedeutend länger. Aber es wirkt wie eine andere Welt.

»Ist ja auch eine Insel«, sage ich, nachdem ich Marc die neuesten Kindergarteninfos mitgeteilt habe. Er lacht:

Getting Ready

»Jahaaa, aber die Briten sind der Auffassung, Europa sei die Insel und sie das Festland.«

Am nächsten Morgen sitze ich wieder am Laptop und arbeite mich durch die Seiten der Kindergärten, die Ariane mir gemailt hat. Und obwohl ich fließend Englisch spreche, fühle ich mich so, als würde ich uigurische Lyrik lesen. Das ganze Kindergartensystem ist so anders aufgebaut als unseres, dass ich mich nur ganz langsam durch dieses ›Fachchinesisch‹ durcharbeite. Da Marc der erste Mitarbeiter ist, den seine Firma inklusive Familie ins Ausland schickt, können wir vonseiten der Firma leider keine große Unterstützung und Erfahrungswerte erwarten. Die wissen selbst nicht, wie das alles geht. Das ganze Projekt läuft also unter dem Motto »Lucie forscht!«.

Nach ein paar Stunden und mehreren E-Mails mit Ariane habe ich es kapiert: In der Hauptstadt des Vereinigten Königreichs unterteilt man die Kindergartenplätze in Vormittags-, Nachmittags- und Ganztagsplätze. Man kann wie in einem Fitnessclub je nach Verfügbarkeit vier Vormittage und zwei Nachmittage buchen. Oder auch nur vier Nachmittage und keinen Vormittag. Abgerechnet wird nach Trimestern, also im Viermonatsrhythmus. Und wenn man einen Platz bucht, der eine Betreuung von 9 Uhr bis 15 Uhr garantiert, dann ist eine Gebühr in Höhe von 4500 Pfund keine Ausnahme. Das sind im Herbst 2014 umgerechnet ca. 5800 Euro.

Ach, und ich vergaß zu erwähnen, freitagnachmittags sind die Einrichtungen natürlich grundsätzlich geschlossen, und das Lunchpaket muss das Kind selbst mitbringen: »Please bring a healthy lunch!« heißt es da fröhlich auf den Websites.

Wenn man in einer Stadt wie Berlin lebt, in der die Kindergartenplätze in den öffentlichen Kindergärten ab dem dritten Lebensjahr kostenlos sind und es am Elternabend schon mal zu Diskussionen über einen extra Monatsbeitrag von 25 Euro fürs Frühstück gibt, dann ist das ein großer Sprung. Ein sehr weiter Sprung. Um nicht zu sagen, man bricht damit ca. 149 Weltrekorde.

Aber interessanterweise ist das menschliche Gehirn ja extrem flexibel. Und schnell. Wie ich an mir selber mit Erstaunen feststelle. Schon drei Tage und etliche E-Mails und Telefonate mit diversen Kindergärten später, habe ich mich mental der Preisstruktur bereits angeglichen. Marc teile ich abends immer die neuesten Ergebnisse und Erkenntnisse mit. Da ihm der Vorlauf des Tages fehlt, muss er zu Beginn immer noch kurz schlucken, aber bereits ein Feierabendbier später hat auch er den Preisschock überwunden und ist ganz erstaunt über die Schnäppchen, die ich entdeckt habe. Ich höre uns Sätze sagen wie: »Ach, sieh mal, da kostet der Kindergartenplatz nur 3900 Pfund für ein Trimester. Das ist ja günstig!«, und dabei zucken wir noch nicht mal mit der Wimper. Es ist wie beim Monopoly: »Ich kaufe eine Straße! Gehe über Los und baue lauter Hotels!«

Auch der Wohnungsmarkt erscheint uns gar nicht mehr sooo absurd wie noch vor ein paar Tagen. Und tatsächlich bleibt unsere allererste Bude in Notting Hill – für den Zeitraum und zu dem außergewöhnlich guten Preis – die einzig machbare Lösung. Dazu kommt noch, dass die Wohnung möbliert sein muss, denn mit Sack und Pack für ein paar Monate umzuziehen, macht auch keinen Sinn. Ich inspiziere mit meiner Nachbarin, die insgesamt fünf Jahre in London gelebt hat, auf Google Earth die Lage der Wohnung, und sie bestätigt mein Gefühl: »Da kannst du nichts falsch machen! Zwei Straßen hinter euch wird's ein bisschen rough, aber da musst du ja nicht hin. Und zwei Straßen in die andere Richtung liegt Notting Hill at its best!« Na, dann sollten wir uns dieses Schnäppchen nun wirklich nicht entgehen lassen ...

Ich reserviere die Wohnung online und enge meine Suche jetzt auf einen Kindergarten ein, der in der Nähe ist. Ich habe für geschlagene Tage quasi eine Standleitung nach London und telefoniere alle infrage kommenden

Dezember

Kindergärten ab, um mir unendlich oft anhören zu müssen »We are so sorry, but we are fully booked.«

Den Kindergärten, deren Internetpräsenz ich besonders ansprechend fand, hatte ich vorab immer eine Mail mit Fotos von Sam geschickt. Alles in der Hoffnung, dass sie sich in den kleinen blonden Jungen mit den großen blauen Augen verlieben und irgendwie noch einen Platz freischaufeln würden. Ich bin am Rand der Verzweiflung, da kriege ich endlich eine gute Nachricht! »We would be delighted to have your son in our nursery!«

YES! Sie sind auch besser »delighted«, denn die Nursery gehört eher zu den teuren. Und eigentlich hatte ich sie am Anfang von der Liste gestrichen, weil sie mit ihrer Absolventenliste und den Erfolgsmeldungen der gerade erst Fünfjährigen noch elitärer wirkte als der ohnehin schon elitäre Rest. Aber ich schiebe meine anfänglich kritische Haltung erst mal ganz weit weg. Ich brauche eine Betreuung für Sam. Also, was soll's? Wird schon nicht so schlimm werden.

Was für einen Platz ich haben möchte, kann ich mir aussuchen. Nur vormittags, nur nachmittags, ganztägig, jeden Vormittag mit optional zwei Nachmittagen. Das hört sich an wie die Karte beim Pizzabäcker um die Ecke, wenn es um den Belag geht: einmal *Funghi* bitte, aber auf einer Seite mit Tomaten und auf der anderen mit Spinat. In

Getting Ready

Berlin geht Sam den ganzen Tag zur Kita. Ich bin noch unschlüssig, wie wir es in London handhaben wollen. Aber nur von 9 bis 12 Uhr ist keine echte Option, denn dann komme ich nicht zum Arbeiten. Auf der Internetseite des Kindergartens steht, dass sie sich an der Lehre von Maria Montessori orientieren und wie wichtig ihnen soziales Verhalten ist. Den abschreckenden Teil, in dem aufgelistet wird, auf welche weiterführenden Schulen die *Nursery-Absolventen* gekommen sind, ignoriere ich jetzt einfach. Kleine Fußnote zum Mitschreiben: Wir reden hier von Kindern im Alter von maximal fünf Jahren! Meine Mutter ermutigt mich, Sam den ganzen Tag anzumelden: »Der ist so neugierig, sei nicht so übervorsichtig. Außerdem ist das doch Montessori!«

Stimmt. Ich sollte mich wirklich locker machen. Ich melde ihn für einen Ganztagsplatz an und lasse mich einfach überraschen. Ich bin schließlich ein neugieriger, weltoffener Mensch. Ja, das bin ich! Seit unserer Entscheidung sind keine neun Tage vergangen, und wir haben schon eine Wohnung und einen Kindergartenplatz in London. Ich muss jetzt erst mal für drei Tage ins Sauerstoffzelt. Ich habe mich selbst von rechts überholt.

Welcome!

Und dann sind wir da. Gerade noch Silvester in Berlin gefeiert, und schon sitzen wir im Flieger nach Heathrow. Übermüdet und aufgeregt. »Krass«, sagt Marc und ich nicke stumm. Sam ist ebenfalls zu aufgeregt, um Wortbeiträge beizusteuern. Er starrt völlig übermüdet aus dem Fenster, aber ich kann förmlich sehen, wie sein Hirn arbeitet. Wir drei sitzen wie paralysierte Hühner auf der Stange und versuchen, möglichst gleichmäßig zu atmen.

Knapp ein Monat liegt jetzt zwischen Marcs Eröffnung »Wir könnten ja für eine Weile nach London gehen« und unserer tatsächlichen Ankunft. Es ging alles so schnell, dass ich kaum hinterherkam. Die Wohnung in Notting Hill ist ab dem 1. Januar frei, der Kindergartenplatz ab dem 6. Januar gebucht. Worauf warten wir noch? Ach, komm, einfach schnell Kisten packen zwischen Weihnachtskater und Silvestervorbereitungen und los geht's.

Welcome!

Wenn man es genau betrachtet, war alles so überstürzt, dass wir noch nicht einmal Zeit hatten, um vorher für einen Inspektionstrip nach London zu fliegen. Marc war zwar immer wieder in der Stadt, aber terminlich so ausgebucht, dass er weder Wohnung noch Kindergarten besichtigen konnte. Wir haben online gebucht wie bei einer Katalogehe. Und jetzt sitzen wir im Flieger und kriegen abwechselnd kalte Füße und heiße Wangen bei dem Gedanken an »die Braut«. Sam kapituliert drei Minuten vor der Landung und schläft völlig erschöpft ein. Als ich ihn dann zum Aussteigen wecken muss, fragt er verwirrt: »Mama, sind wir da? Isse das die Hauptstadt von London?«

Uns klopft das Herz bis zum Hals, als wir unseren neuen Haustürschlüssel aus dem Umschlag ziehen und voller Spannung die rumpeligen Treppenstufen in den zweiten Stock steigen. Sam geht voran und plappert wie ein Wasserfall: »Isse das unsere Abartment, Mama? Und wo isse meine Zimmer? Und gibs da Spielzeug?«

Das Treppenhaus als »heruntergerockt« zu bezeichnen wäre euphemistisch. An zwei Stellen hat sich der abgewetzte Teppich selbsttätig in Bewegung gesetzt und klebt nicht mehr an den ohnehin unebenen Stufen.

»Hier darf man aber auch keinen gehoben haben, wenn man lebend oben oder unten ankommen möchte«, sagt Marc.

Januar

Wir drehen den Schlüssel im Schloss und öffnen die Tür – und stehen wieder vor einer wahnsinnig schmalen Treppe, ganz typisch für Londoner Häuser. Mit angehaltenem Atem erklimmen wir Stufe für Stufe den Weg in unser neues Zuhause.

»O Gott, Lucie, was hast du nur getan?«, schießt es mir vor Entsetzen und Panik durch den Kopf, und ich kann förmlich spüren, wie rote Flecken die Rolle des Rouge in meinem Gesicht übernehmen.

Aber in der ersten Etage angekommen atmen wir erleichtert auf. Auch wenn wir auf einem beigen, aber immerhin neu verlegten Teppichboden und nicht wie online gesehen auf hübschen Kelims stehen – die Räume sind wunderschön und die Möbel wirklich geschmackvoll. »Okay«, seufze ich erleichtert, »vielleicht muss ich ein bisschen umräumen, aber es ist wirklich sehr schön hier!«

Sam ist schon auf der nächsten Treppe und kommt vor uns ganz oben an.

»Maaammmaaaa!«, brüllt er, »wir have eine Garten!« Tatsächlich ist die oberste Etage der Knaller. Auch ein Gartenknaller, wenn man bedenkt, dass wir uns gerade mitten in einer Großstadt befinden! Das Wohn- und Esszimmer ist ein großer heller Raum mit Holzböden und hier dann auch mit den Kelims, die eine Seite ist komplett verglast. Dahinter befindet sich die zauberhafte Terrasse (das, was Sam als Garten bezeichnet). Auf der anderen Seite sieht man über die Dächer von Notting Hill und dem angrenzenden Stadtteil Shepherd's Bush. Ein alter, offensichtlich funktionstüchtiger Kamin macht das Glück perfekt. Unsere Zockerherzen hüpfen vor Freude! Das ist ja unglaublich. Die »Braut« sieht viel besser aus als im Katalog!

Wir stellen unsere drei Koffer erst mal vorm Kamin ab (der Rest wird nachgeliefert) und atmen tief durch. Sam tobt schon die Treppen hoch und runter. Ich öffne die Schränke, inspiziere die Bücher im Regal, Marc überprüft das Angebot in der Küche. Wir können unser Glück einfach nicht fassen.

Das Abenteuer London kann beginnen.

First Days

Die ersten Tage in der neuen Stadt haben wir damit verbracht, unsere Koffer auszupacken, Möbel hin und her zu schieben, der Wohnung unseren Atem einzuhauchen, den nächsten Supermarkt und den besten Spielplatz zu entdecken, die richtigen Bushaltestellen und die nächstgelegene Tube-Station ausfindig zu machen. Wir sind durch unsere neue Nachbarschaft geschlendert, haben uns mit Freunden aus Südafrika getroffen, die seit einiger Zeit in London leben, und schließlich auch unsere neue Babysitterin kennengelernt.

»Braucht ihr einen Babysitter in London?«, hatte unser Babysitterengel Sally in Berlin gefragt, als sie von unserem Teilzeitumzug erfuhr. »Meine beste Freundin lebt in London, hat aber auch mal neun Monate in Berlin gearbeitet und hat ganz viel Erfahrung.« So hatten wir sogar schon eine Babysitterin, noch bevor die Zusage für die Wohnung stand. Auch noch eine mit Berlin-Erfahrung. Und natürlich führte uns eine der Touren auch am Kindergarten vorbei, damit wir uns das Gebäude anschauen und die Wegezeiten einschätzen konnten.

Heute steht der erste Kindergartentag an. Keine sechs Tage nach unserer Ankunft. Marc und ich sind mit Sicherheit aufgeregter als Sam. Wie werden wohl die anderen Familien sein? Ich bin so gespannt auf die Briten und ihr Verständnis von Kind, Alltag, Familie und allem.

Man kann von uns aus bequem zu Fuß am Kensington Palace vorbei zum Kindergarten laufen, aber es gießt *cats and dogs*, also in Strömen, und darum entscheiden wir uns für den roten Doppeldeckerbus. Sam will gar nicht wieder aussteigen.

In London sind viele Kindergärten in den Nebengebäuden oder Wirtschaftsräumen von Kirchen untergebracht. Unser auch. Eine schmale Treppe führt an einer Seitenmauer der Kirche hinunter zum Eingang. Wir sind die Ersten. Wir klingeln, und die freundliche, aber bestimmte Direktorin verweist uns auf die Uhrzeit. »Doors open at 9 a. m.« Puh, sind die pingelig. Ich dachte, dass diese Tugend eigentlich von uns Deutschen reserviert sei. Allerdings entschuldigt sie sich 28-mal für die Tatsache, dass wir vor der Tür warten müssen – was wiederum nicht typisch deutsch wäre.

Langsam strömen immer mehr Eltern mit ihren Kindern die nasse Treppe hinunter, um hinter uns die Wartepositionen einzunehmen. Hier steht bald die ganze Welt versammelt, aber wo um Himmels willen sind die Engländer?

Hinter uns reihen sich Japaner, Russen, Inder, Schweden, Afghanen, Chinesen, Amerikaner, Spanier und Deutsche unter ihren Regenschirmen ein. Es sprechen zwar alle Englisch mit unterschiedlichsten Akzenten, aber keiner hört sich an wie *Her Majesty's*. Ach, doch warte mal, da sind zwei Mütter, die sich in diesem wunderschönen Singsang unterhalten.

Als sich superpünktlich um genau 9 Uhr endlich die Tür öffnet, herrscht ein großes Tohuwabohu, während alle Familien mit ihren Kindern vor dem anhaltenden Regen in den Flur drängen.

Ich sehe den Kindergarten zum ersten Mal. Die Räume sind ziemlich dunkel, weil sie im Souterrain liegen. Es gibt einen minikleinen schmalen Hof, der von allen Seiten von langen, hohen Mauern umgeben und lediglich mit einer kleinen Rutsche und ein paar Bällen ausgestattet ist. Aber es soll noch einen kleinen, sehr bezaubernden und verwunschenen Kirchgarten geben.

Insgesamt gibt es drei kleine Gruppen, die auf zwei Räume verteilt sind: Die Jüngsten sind zwei Jahre alt, die

Ältesten etwa vier. Sams Gruppe hat zwei Lehrerinnen: Miss Amanda, eine junge Frau Anfang zwanzig mit italienischen Wurzeln und Miss Catarina, Mitte vierzig mit portugiesischen Wurzeln. Sie ist auch Sams »key teacher«, also seine Hauptansprechperson, und sehr sympathisch. Ich habe keine Ahnung, was uns erwartet. Ich habe auch gar keine Ahnung, wie der genaue Tagesablauf ist, denn diese Kita hatte bereits zwei Tage, nachdem wir den Zuschlag bekommen hatten, die Winterschließzeit eingeläutet. Es gab einfach keine Gelegenheit, sie in Ruhe kennenzulernen. Sam bekommt einen kleinen lilafarbenen Kittel angezogen so wie alle Kinder hier. Richtige Uniformen gibt es erst in der Schule. Aber er bekommt schon eine kleine gelbe Schultasche mit seinem Namen drauf. Darin ist ein süßes kleines Notizheftchen, in das die Lehrer anscheinend jeden Freitag eintragen, was die Woche über passiert ist.

Für manche Kinder ist es die Rückkehr in den Kindergarten nach den Weihnachtsferien. Sie kennen sich, sie kennen ihre Lehrer und die Umgebung und fangen gleich an herumzutoben. Aber Sam ist zum Glück nicht der Einzige, der heute neu anfängt. Er ist bei den »Bumblebees« – den Hummeln, also den ganz Großen. Ich frage Amanda, wie sie das mit der Eingewöhnung handhaben. Sie sieht mich etwas irritiert an. Habe ich etwas Falsches gesagt? »Wie oft soll Sam denn kommen?«, fragt sie.

»Jeden Tag den ganzen Tag«, sage ich.

»Ah«, sie hebt die Augenbrauen. »Okay. Also, wenn er ganztags kommen soll, dann lassen Sie ihn ruhig auch heute schon da. Die Kinder gewöhnen sich so schneller ein. Wenn irgendetwas ist, dann rufen wir an. Hat er ein Lunchpaket dabei?« Ich kann keine ihrer Reaktionen so richtig deuten. Findet sie es gut, dass er den ganzen Tag bleibt? Oder nicht? In welche Schublade bin ich gerade gelegt worden, ohne überhaupt die Kommode zu kennen? Ich spreche die Sprache, ja, aber ich glaube, ich bräuchte vielmehr ein Wörterbuch für »Zwischen den Zeilen lesen für Anfänger«.

Und natürlich haben wir den Lunch dabei. Wir sind ja schließlich gründliche Deutsche und dementsprechend gut organisiert. So stand es doch in den Statuten. Marc war entsetzt, als er hörte, dass der Kindergarten nicht frisch kocht. »Dann essen die den ganzen Tag nichts Warmes?? Das geht ja gar nicht!« Also suchte er die Läden nach Thermobehältern ab, um morgens um 7 Uhr am Herd zu stehen und Sam sein Mittagsessen zu kochen. Ich bin gespannt, ob er das allen Ernstes die nächsten Monate durchziehen wird. Sobald er beruflich unterwegs ist, gibt es von mir geschmierte Brote. Und wenn's gut läuft etwas Obst.

Wir bleiben noch ein bisschen vor Ort. Sam schaut sich die Bücher an und untersucht die Regale. Marc unterhält sich mit Otto, der gerade mit seiner Familie von Barcelona nach London gezogen ist. Otto hat deutsch-griechische Wurzeln, seine Frau Marisa deutsch-äthiopische. Für die dreijährige Siri ist heute auch der erste Tag, und sie sieht sich noch ziemlich skeptisch um. »Geht sie auch ganztags?«, frage ich ihre Mutter, und Marisa nickt gleich.

»Siri kennt das so aus Spanien.« Marisa hatte sich verschiedene Kindergärten angesehen und versichert mir, dass das hier mit Abstand der schönste sei. Interessanterweise entlastet mich diese Info ungemein. Und das obwohl ich Marisa ja gerade erst kennengelernt habe. Aber es ist diese stille Verbundenheit derselben Muttersprache auf fremdem Terrain, die mich angenehm beruhigt.

»Ist das okay, wenn Mama und Papa jetzt gehen? Ich hole dich nach dem Lunch am Nachmittag ab«. Sam nickt und winkt uns zum Abschied.

Marc wendet sich zum Gehen und ist ganz euphorisch: »Ach, das wird ein Selbstläufer. Du machst dir zu viele Gedanken, Lucie!«

Ich gehe rückwärts aus dem Gruppenraum, mit Herzklopfen und einem großen Fragezeichen im Kopf, als die Tür sich schließt. Sam passt sich eigentlich extrem schnell an, aber von 9 bis 15:15 Uhr ist eine lange Zeit. Ein richtiger Arbeitstag.

Es hat aufgehört zu regnen. Marc und ich stapfen die immer noch nassen Treppen hinauf, und ich versuche, meine Zweifel wegzuschieben.

»Jetzt besorge ich mir als Erstes ein englisches Handy«, beschließe ich, und wir verabschieden uns. Ein altes blaues Nokia mit englischer Prepaid-Karte habe ich in einer knappen Viertelstunde gekauft. Ich schreibe noch schnell eine Nachricht an den Kindergarten, dass ich jetzt eine englische Telefonnummer habe. Und was mache ich jetzt? Soll ich schon nach Hause fahren? Aber was ist, wenn der Kindergarten anruft? Ich bleibe lieber in der Gegend.

Ich laufe durch die umliegenden Straßenzüge, schlendere durch die Geschäfte, mein quietschblaues Handy fest im Anschlag. Sobald der Empfang nachlässt, stürze ich aus dem Laden. Nicht erreichbar zu sein, weil ich gerade einen neuen Lippenstift aussuche, würde ich mir nicht verzeihen. Ich trinke einen Kaffee, danach trinke ich noch einen Kaffee.

»Lucie, mal ehrlich, du hast echt ein Rad ab«, weise ich mich leise zurecht. »Du schleichst hier seit drei Stunden durch die Straßen, während Sam wahrscheinlich einen Riesenspaß hat. Mach dich endlich mal locker!«

First Days

Aber was wenn nicht? Um Punkt 15:15 Uhr stehe ich dann müde von meiner ganzen Anspannung und dem ziellosen Herumirren vor dem Kindergarten wieder als Erste da. Langsam füllt sich die Treppe, die zum Eingang führt.

Es gibt viele Eltern, die ihre Kinder bereits um 12 Uhr – nach dem Vormittagsslot abholen. Die meisten Kleinen bleiben nur bis zum Mittagessen, aber auch erstaunlich viele aus Sams Gruppe werden bereits mittags abgeholt. Das scheint hier also ganz üblich zu sein, dass auch Vierjährige nur drei Stunden lang im Kindergarten bleiben. Wann arbeiten denn die Eltern dann bitte?

Die Tür öffnet sich, die Eltern strömen herein. Ich sehe Sam an der Hand von Amanda in seinem kleinen lilafarbenen Kindergartenkittel. Er rennt auf mich zu. »Gehen wir nach Hause?«, fragt er und kuschelt sich fest an mich. Er wirkt erschöpft. Das war ja auch ein sehr langer erster Tag.

Schon auf dem Weg nach Hause schläft er fast im Bus ein. Ich versuche, ihn nach seinem Tag zu befragen. Aber er ist zu müde. Er wirkt wie eine völlig überladene Festplatte. Seine Wangen sind rot, sein Gesicht ist blass. Ich checke seine Lunchbox und sehe, dass sie noch fast unangetastet ist. Großen Hunger scheint er nicht gehabt zu haben. Zu Hause legen wir uns auf die Couch, und noch bevor ich etwas fragen kann, ist er in meinem Arm eingeschlafen.

Januar

Zwei Stunden später wacht er auf. Er glüht. Ich messe Fieber. Er hat knapp 40. Scheiße. Scheiße. Scheiße.

Das war eindeutig zu viel.

»Lucie, du bist ein Idiot«, schimpfe ich mit mir. »Wie würdest du dich denn fühlen, wenn man dich in ein fremdes Land mit fremden Menschen bringt und dich dort sechs Stunden alleine lässt? Oder anders gefragt: Wie geht es *dir* eigentlich?«

»Total erledigt«, ist meine kleinlaute Antwort, und ich würde auch gerne auf den Arm von jemandem.

Ich lege mein fieberndes Kind ins Bett und mich daneben. Draußen prasselt der Regen gegen die undichten Fenster. Marc kommt an diesem Tag früh nach Hause. Es ist sein zweiter Arbeitstag. Und obwohl er die Arbeit, das Büro und die Stadt schon gut kennt, ist auch er völlig im Eimer. Er legt sich zu uns ins Bett.

Wir sind jetzt seit vier Tagen in London.

»Lass uns mal einen Gang runterschalten. Ich habe das Gefühl, dass ich noch nicht mal die Weihnachtsgans, geschweige denn den Kater von Silvester verdaut habe«, sagt Marc.

Ich schaffe es noch zu nicken (oder träume ich das schon?), bevor wir alle in einen traumlosen Tiefschlaf fallen.

From bad to worse

»From bad to worse«, ist eine dieser hübschen, den Nagel auf den Kopf treffenden englischen Redewendungen, wenn eine Sache schon schlecht beginnt und es danach einfach nur noch weiter bergab geht.

Dieser Ausdruck passt ausgesprochen gut zu der weiteren Entwicklung unserer Kindergartenstory. Wir sind jetzt seit knapp fünf Wochen dabei. Sam brauchte letzten Endes den gesamten Rest der Woche, um sich von seinem ersten Kindergartentag zu erholen. Und ich ehrlich gesagt auch.

Unsere neue Babysitterin Mary verbringt täglich ein paar Stunden mit uns, damit wir uns kennenlernen können und ich Zeit finde, wenigstens die notwendigsten Einkäufe allein zu erledigen. Wir nehmen unsere Kisten aus Berlin in Empfang (die fast alle einzeln an verschiedenen Tagen ankommen) und erobern uns ganz langsam unser neues Zuhause.

Sam baut sein Tipi auf, räumt seine Schleich-Tiere ins Regal und bastelt mit Mary aus den leeren Kartons Piratenboote. Ich packe unsere Kleidung aus, räume die Bücher unseres Vermieters in die Abstellkammer und richte mir nach und nach meinen Schreibtisch ein.

»Lass und noch mal von vorne anfangen«, sage ich zu Sam die Woche darauf. »Ich hole dich heute Mittag ab, okay?«

Er nickt. So handhaben wir das die ganze erste Woche, drei Stunden Kindergarten, dann hole ich ihn ab. Die Erzieher beäugen mein Eingewöhnungsprogramm mit einer gewissen Skepsis, sind aber zu höflich britisch, um sich negativ darüber zu äußern. Aber ich merke, dass sie mir die Schublade »Kuschel-Tüddel-Mama« zugewiesen haben. Oder vielleicht sogar die »Rote-Kreuz-Drohne«? Man weiß es nicht, aber es ist mir auch egal. Am Ende sind diese privaten englischen Kindergärten schließlich Businessmodelle. Und darum ist es auch schlicht und ergreifend immens geschäftstüchtig, keine schlechte Laune zu verbreiten. Man will ja zufriedene Kunden. Ach, manchmal hat so eine marktwirtschaftliche Ausrichtung ja durchaus ihre Vorteile.

Nach zwei Wochen Spezialprogramm wird allerdings auch die »Kuschel-Tüddel-Mama-Rote-Kreuz-Drohne« nervös. Mein Schreibtisch ist voll. Ich habe Deadlines, die mir im Nacken sitzen, und mit meiner Geduld steht es bekanntlich nie so zum Besten.

Ab der dritten Woche bedränge ich Sam, ob er nicht wenigstens ein oder zwei Nachmittage im Kindergarten verbringen könnte, und in der vierten Woche könnte ich fast ausflippen. Manchmal nötige ich ihn zu einem Nachmittag, aber wenn ich ihn dann abhole, tut es mir immer sofort leid. Irgendetwas gefällt ihm am Nachmittagsunterricht einfach nicht.

Ich versuche zu verstehen, woran es liegt. Warum er sich so sträubt. »Ich mag die Lunch nich!«, sagt er.

»Aber das packen wir ja ein, dann sag uns, was du lieber magst«, erwidern wir. Marc hat das Kochen nach nur zwei Wochen bereits aufgeben. Wir sind jetzt schon ganz *British* bei Sandwich angekommen.

»Hot soup!«, erwidert Sam, und Marc rennt los, um eine Thermoskanne zu besorgen, damit Sam seine geliebte heiße Gemüsebrühe schlürfen kann. Aber auch die Hot soup ist – natürlich – nicht die Lösung. Aber wie sagt der dänische Familientherapeut Jesper Juul so schön? Auch 35 verschiedene Cerealien zum Frühstück sind keine Lösung.

Sam hat mittlerweile ein paar Freunde gefunden. Um ehrlich zu sein, hatte er die bereits am zweiten Tag für sich entdeckt: Avi, sein amerikanischer Freund; Jimmy,

Februar

sein schwedischer Freund; Haruto, sein japanischer Freund und Chris, ein weiterer Freund aus Amerika. Die fünf sind eine echte Jungs-Gang. Schon morgens beim Abgeben haben sie einen Heidenspaß, aber auch das hilft nicht über den Nachmittagsblues hinweg, obwohl Avi und Jimmy wie Sam jeden Tag da sind. Nur Haruto und Chris werden immer schon mittags abgeholt.

Ich weiß mittlerweile überhaupt nicht mehr, was ich tun soll. Bin ich einfach zu lasch? Muss ich klarere Ansagen machen? Grenzen setzen: »Sam, ich muss arbeiten, und du gehst bis drei Uhr in die Kita – so wie in Berlin! Stell dich nicht so an!«

Ist das hier ein Machtkampf zwischen mir und Sam? Ich erinnere mich an eine Geschichte, die mir meine Nachbarin Bea aus Berlin von ihrem Sohn Ben erzählt hat. Ben war etwa so alt wie Sam und wollte partout nicht zum Schwimmunterricht gehen. Eines Morgens weinte er so herzzerreißend, dass ihr Mutterherz blutete, aber nach einem inneren Kampf sagte sie irgendwann: »Nein, Ben, heute gehst du.« Das Weinen hörte schlagartig auf, Bens Gesicht entspannte sich, und er erwiderte ganz trocken: »Man kann's ja mal versuchen ...« Ist das hier jetzt auch so ein Fall von »Man kann's ja mal versuchen«?

Weil jeder die Betreuungsslots seiner Wahl buchen kann, herrscht den ganzen Tag über ein reges Kommen und Gehen, oder sollte ich besser sagen: totale Unruhe? Es bilden sich immer wieder neue Gruppen, und die Kinder müssen sich ein bisschen wie bei der »Reise nach Jerusalem« fühlen, denke ich, irgendeiner ist ständig auf dem Sprung.

Ich versuche, mit ihm zu verhandeln: »Du gehst Montag und Donnerstag auch nachmittags in die Kita!« Aber wie soll ein Vierjähriger begreifen, was ich damit meine, wenn der Begriff von »Zeit« für ihn so wenig verständlich ist wie für mich ein Rezept in Mandarin – und für ihn sowieso alles nur »Jetzt« ist.

Ich spreche seine Lehrerin Miss Amanda auf das Problem an: »Was passiert hier denn so am Nachmittag? Können Sie mir erklären, woran es liegt? Haben Sie einen Rat für mich?« Ihre Meinung ist an keiner Stelle zweideutig: »Also, wenn Sam da ist, ist alles gut. Jeden Nachmittag haben wir ein anderes Programm: Wir machen Experimente, Yoga oder tanzen. Und er scheint immer Spaß zu haben. Ich glaube, es liegt daran, dass er am Anfang krank war und jetzt so unregelmäßig kommt. Ich bin dafür, dass wir das mal eine ganze Woche durchziehen. Er bleibt den ganzen Tag – ohne Diskussion. Danach hat er sich bestimmt eingewöhnt.«

Februar

Vielleicht hat sie recht, schließlich ist sie eine Fachkraft. Vielleicht fehlt ihm ein beständiger Rhythmus. Und mir die nötige Konsequenz. Vielleicht bin ich zu viel »deutsche Kuschel-Tüddel-Mama-Übermutter-Glucken-Rote Kreuz-Drohne«. Ich nicke, und wir verabreden, es mit diesem Modell zu versuchen. Aber, verflucht, es zwickt in meinem Bauch. Und zwar gewaltig. Aber der Druck des Papiergebirges auf meinem Schreibtisch sowie mein Wunsch, dass mein Sohn einfach mal bitte so funktioniert, wie ich es möchte, übernehmen das Kommando und ignorieren konsequent das Zwicken im Bauch.

Die Suppe, die man sich eingebrockt hat

Nachdem ich Sam mal wieder im Kindergarten abgegeben habe, laufe ich zurück durch den Park Kensington Gardens. Mir will die Geschichte von seinem dritten Geburtstag im November nicht aus dem Kopf gehen. Ich weiß nicht, warum, aber sie klebt an meinen Gedanken wie Kaugummi an Flipflops.

Bereits Wochen vor Sams drittem Geburtstag hatte ich für ihn eine Gästeliste in meinem Kopf erstellt. Pädagogisch den geltenden Empfehlungen entsprechend höchstens ein Kind pro Lebensjahr – also drei Kinder. Auf der Liste stehen Mara (Freundin aus der Kita), Greta (Nachbarstochter) und Jesaja (ebenfalls aus der Nachbarschaft). Allerdings hatte ich das ohne Absprache mit Sam beschlossen.

Und dann fiel mir ein, wie pädagogisch wertvoll es ist, wenn man das Kind in Entscheidungsprozesse mit ein-

Februar/November

bezieht. Denn ich will ja kein Jasager-Kind. Nein, ich will ja eins, das seine eigene Meinung hat, das sich ernst genommen fühlt. Und so. Da ich aber bereits alle eingeladen hatte, war meine Nachfrage zugegeben ein bisschen pro forma – um nicht zu sagen eine reine Farce. Aber das brauchte ja keiner zu wissen.

»Wen willst du denn dieses Jahr zu deinem Geburtstag einladen?«, frage ich Sam also hochpädagogisch auf dem Weg von der Kita nach Hause.

»Mimi und Benjamin«, lautet die prompte Antwort. Ich muss fast laut lachen. Mimi ist auch eine Nachbarstochter, allerdings ist sie schon acht Jahre alt und interessiert sich für Sam nur, wenn es sonst absolut keine anderen Alternativen gibt. Ihr Bruder Benjamin ist fünf und findet, dass Sam ein »Baby« ist.

»Wirklich?«, frage ich und versuche, nicht zu amüsiert zu klingen.

»Ja, so machen wir das«, ist seine resolute Antwort, »und Bea und Tom auch.«

Das sind die Eltern der beiden. Die Gästeliste hat ja schon mal eine sehr interessante demografische Struktur.

»Und was ist mit Mara?«, frage ich ganz beiläufig und erwarte natürlich Zustimmung.

Sam zuckt mit den Schultern und seufzt mit Bedauern in der Stimme: »Leider nein, Mama. Leider.«

Wie bitte?, möchte ich spontan rausprusten, tue es aber zum Glück nur im Kopf. Ich bin etwas alarmiert. Ich hake nach und ernte wieder ein sehr ernstes: »Nein, Mama. Leider nein. Leider.«

Der eigene Wille braucht ja Platz und Raum für Entfaltung, sage ich mir, morgen werde ich ihn schon in die richtige Bahn bringen, beruhige ich mich. Äh, ich meine, morgen wird er die richtige Entscheidung treffen, verbessere ich mich gleich selber. Ich lasse das Thema an diesem Tag also ruhen, merke aber doch eine sanfte Panik in mir aufsteigen. Denn Maras Vater schreibt mir am Nachmittag eine E-Mail und fragt nach einer Geschenkidee für Sam.

Die nächsten Tage versuche ich immer wieder aufs Neue, das Thema Geburtstagsliste ganz beiläufig anzuschneiden, aber Mara ist noch nicht einmal bis in die erste Auswahlrunde gekommen: »Nein, Mama. Leider nein. Leider.« Jesaja habe ich abgesegnet bekommen, aber auch Greta ist eine Wackelkandidatin.

Scheiße, was habe ich mir da nur eingebrockt. Wieso habe ich ihn gefragt? Wer braucht schon einen freien Willen? Oder freie Entscheidungsgewalt? Doch kein Dreijähriger. Die kann er bitte schön später entfalten.

Februar/November

Als ich meiner Freundin Raffaella von meiner Misere erzähle, antwortet sie nüchtern: »Lucie, die Frage ist, wieso du einfach alle eingeladen hast, ohne ihn vorher zu fragen.«

Ach, Raffaella, lass mich doch in Ruhe. Von Hilly, Sams Patentante, erhalte ich auch keinen Trost, sondern nur Achselzucken und ein knappes »Selbst schuld, wenn du einen Dreijährigen mitreden lässt«. Marc kommt aus dem Lachen gar nicht mehr heraus.

Am Wochenende vor dem Geburtstag will ich meinen Kopf durchsetzen. Solange der seine Füße unter meinem Tisch hat, bestimme gefälligst ICH, wer zu seinem Geburtstag kommt. Schließlich habe ich die ganze Arbeit! Ich insistierte, hake nach, lasse nicht locker. Bis Sam mich richtig anschnauzt: »Mama, habe NO gesagt. No, no, no.«

Jetzt klingt er auch noch so wie ich klinge, wenn mir abends die Hutschnur platzt, weil ich einfach nur will, dass er ins Bett geht. O Gott, das läuft hier alles völlig aus dem Ruder.

Ich winde mich darum, Maras Eltern anzurufen. Mir ist die ganze Sache so unglaublich peinlich. Ich schiebe den Anruf vor mir her in der Hoffnung, dass sie vielleicht wegen einer plötzlichen Krankheit absagen oder weil Mara nicht mag. Meine Hoffnung bleibt ungehört. Stattdessen kriege ich eine Mail von Maras Vater mit der wiederholten Bitte, ihm eine Geschenkidee für Sam zu nennen. Ein Albtraum.

Aber dann, ich hatte mir schon unglaublich komplizierte Ausreden für Maras Eltern zurechtgebastelt, schwenkt er plötzlich um.

»Mama, Mara solle komm' un auch Milla«, gibt er plötzlich beim Frühstück mit vollem Mund bekannt. Ich stimme sofort zu. Soll Mara doch ihre große Schwester Milla mitbringen. Auch wenn das die geplante Anzahl der Gäste praktisch augenblicklich sprengt. Was soll's?, sage ich mir, solange es mir meinen Arsch rettet. Und wer hatte eigentlich diese Schwachsinnsidee mit »einem Gast pro Lebensjahr«?

Wir machen uns auf zur Kita (ich sehr beschwingt!) und treffen im Treppenhaus unsere Nachbarin Marie mit ihrem Sohn Luis und seinem kleinen Bruder »Baby Ben«. Luis ist ein paar Monate jünger als Sam.

»Luis, kommst du zu meine Burtstag?«, fragt Sam, und dann schaut er Marie an: »Und Baby Ben auch, ja?« Marie sieht zu mir, ich nicke, bin aber irritiert. Woher kommt denn jetzt bitte dieser plötzliche, unkontrollierte Einladungsdrang? Egal. Wir treffen auch noch Mimi und Ben. Und ja, natürlich werden die auch eingeladen.

Februar/November

Am Ende hatten wir an seinem Geburtstag die Bude rappelvoll. Von meiner Vision einer kleinen Geburtstagsfeier mit Piratendeko musste ich mich vollständig verabschieden, als Sam im Supermarkt darauf bestand, nicht die Piratengirlanden und -tischdecken zu kaufen, sondern die pinke Tischdecke mit rosa Blumendekor und einem Pferd in der Mitte. »Die da, Mama! Will horse!«.

Als Raffaella am Geburtstagsnachmittag die vielen Kinder, die Lillifee-Cupcakes (Sams Wunsch) und die rosa Tischdecke mit den Blümchen sieht, legt sie lachend den Arm um mich und sagt: »Tja, Lucie so sieht freier Wille aus!«

Warum nur erinnere ich mich ausgerechnet jetzt an diese Episode aus dem Herbst? Ich bin jetzt fast zu Hause angekommen, aber noch bin ich nicht auf den Trichter gekommen. Ich brauche noch ein bisschen, um die Punkte miteinander zu verknüpfen.

Heul-Skypen mit Raffaella

Am nächsten Tag bringe ich ein richtig schlecht gelauntes Kind zum Kindergarten. Auf dem Weg zur Kita an der Ampel wiederhole ich: »Du bleibst heute den ganzen Tag in der Kita. Andere Kinder sind ja auch den ganzen Tag da!«

Er steht neben mir und weint: »I don't want to! Ich gehe da auch nicht hin! Ich play auch ganz ruhig in my Zimmer.«

Hilfe, ist das furchtbar. Ich finde vor allem mich selbst zunehmend furchtbar; ich klinge wie eine Herbergsmutter aus den 50ern. So wollte ich doch nie sein. Solche Sätze wollte ich doch nie sagen. Habe ich ein böses Alien in mir wie Sigourney Weaver in dem gleichnamigen Film, das mir meine Gedanken diktiert? Ich wünschte fast, das wäre des Rätsels Lösung. Es würde mich entlasten.

So stecke ich in einer Sackgasse, renne aber stoisch weiter gegen die Wand. Normalerweise haben Zweijährige doch den Ruf, sich in Dinge zu verbeißen wie ein Pitbull und nicht mehr loszulassen. Gibt es dazu nicht

Februar

ein Dutzend Ratgeber? Gibt es auch Ratgeber für Pitbull-Mütter?

Nachdem ich Sam endlich bei Miss Amanda abgegeben habe (weinend), gehe ich (weinend) nach Hause. Das Magenzwicken ist nicht mehr zu verdrängen. Ich maile meiner Freundin Raffaella und bitte um ein Notfall-Skype-Date. Sie ist kurz vor mir Mutter geworden und hat danach dann auch noch Zwillinge bekommen. Sie ist glühende Anhängerin von Jesper Juul, und da ich die Bücher zwar habe, aber zu selten lese, eine sehr, sehr gute Ratgeberin.

»Ich weiß überhaupt nicht mehr, was richtig ist und was nicht«, heule und schluchze ich los, sobald sie auf dem Bildschirm erscheint.

»Ich will wieder nach Berlin!«, jaule ich weiter. »Was war denn das für eine Scheißidee hierherzukommen. Es schifft aus Kübeln, ich komme nicht zum Arbeiten, und mein Kind hasst den Kindergarten!«, heule ich.

»ATMEN!«, wirft Raffaella kurz dazwischen, und ich versuche, schluchzend Luft zu holen und beim Schluchzen nicht zu viel auf meinen Bildschirm zu spucken. Als ich mich beruhigt habe, fange ich an zu erzählen. Dass Sam nach wie vor nicht am Nachmittag in den Kindergarten will, ich aber keine Erklärung dafür habe. Dass er unruhig ist und angefangen hat, an den Fingernägeln zu kauen. Dass er nachts aus Albträumen aufschreckt und sich wieder einpullert. Und während ich das alles laut erzähle, höre ich mir zum ersten Mal selber zu. Und verstehe auch, warum mir die Geschichte mit der Gästeliste zu seinem dritten Geburtstag gestern wieder eingefallen ist. Ich wollte ja immer ein Kind, das seinen freien Willen äußert. Jetzt habe ich eins, das mir auf unterschiedlichen Ebenen mitteilt, dass es nicht glücklich ist, und was tue ich? Versuche, es zu verbiegen, weil es mir nicht in meinen Zeitplan passt.

»Weißt du ...«, fängt Raffaella sachte an, »also, das hört sich für mich an, als ob Sam es dort nachmittags wirklich nicht gefällt. Nicht nur aus einer Laune heraus, sondern weil ihm irgendetwas da nicht guttut.«

»Ich weiß«, sage ich kleinlaut, »nur was? Ich meine die machen da lustige Experimente und sogar Yoga. Ich möchte so gerne wissen, was es ist!«

»Er ist erst vier. Die meisten Erwachsenen sind nicht in der Lage, sich explizit darüber zu äußern, was ihnen warum nicht guttut. Das von einem Vierjährigen zu verlangen ist ...«

Ich unterbreche sie: »Ja, ja, ja ...Ich weiß. Ich weiß.«

»Und dann das Nägelkauen und Einpullern ...«

»Furchtbar!«, unterbreche ich sie wieder und erschrecke vor mir selbst, weil ich das alles so gekonnt ignoriert habe.

Februar

Mit schwirrendem Kopf, aber irgendwie doch wieder sortiert, gehe ich Sam schließlich am Nachmittag abholen. Ich bin wieder ein bisschen zu früh dran. Sams Gruppe hält sich im kleinen Hof auf, den man von der Treppe aus einsehen kann. Sie haben heute Nachmittag *Science Class* und machen gerade ein Experiment. Ich kann nicht genau sehen, was sie da tun. Aber ich kann sehen, dass Sam verängstigt einen großen Schritt hinter den anderen Kindern steht und panisch an seinen Nägeln kaut. Ach du Scheiße, was ist bloß los mit ihm? Er sieht mich, schreit fast hysterisch »MAMAAA« und stürmt sofort auf mich zu. Er versucht, das Gittertor zu öffnen, und ist völlig außer sich.

Ich bin geschockt von seiner Reaktion. Miss Amanda will ihn in die Gruppe zurückholen, aber ich schnappe ihn mir und nehme ihn auf den Arm.

»Can we go home, Mama? Can we go home?«, fragt er immer wieder schluchzend. Okay, ich habe nicht nur die roten Warnblinklichter ignoriert, sondern die Situation wirklich völlig unterschätzt. Das ist kurz vorm Super-GAU. Wir packen seine Sachen, seine Science-Lehrerin gibt mir noch schnell eine kleine Tüte mit den Experimentutensilien mit, die ich aber achtlos in meine Handtasche knülle und mit Sam die Eingangstreppe hinaufgehe.

Auf dem Weg durch Kensington Gardens beruhigt er sich langsam wieder. Wir setzen uns auf eine Bank.

»Sam, du musst nicht mehr nachmittags in den Kindergarten«, sage ich. »Es tut mir leid, dass ich dich so gedrängt habe. Das war nicht fair.« Ich bilde mir ein, das Raffaella und Jesper Juul mir dabei auf die Schulter klopfen.

Er sieht mich an, schnieft noch einmal kurz und nickt dann feste: »Gehen wir jetzt zum Pirate Boat?«

Ach, Kinder sind so herrlich pragmatisch. Hier gibt es keine unendlichen Gefühlsduseleien. Kein langes Gespräch. Die Situation ist doch geklärt, also wo ist der Spielplatz? Und Mutti sitzt verdattert auf der Bank und erwischt sich kurz bei dem Gedanken: »Na, ein bisschen mehr Dankbarkeit ...«, aber ich schaffe es gerade eben so, den letzten Teil des Gedankens abzuwenden, bevor mich Jespers oder Raffaellas Blitze treffen können.

Und während ich Sam hinterhergehe, merke ich, dass mir die Geschichte tief in den Knochen steckt. Und während Sam glücklich auf dem Piratenboot herumklettert, rufe ich Marc in der Arbeit an und erzähle ihm, was vorhin passiert ist.

»O Gott«, sagt er, »das geht wirklich gar nicht. Da müssen wir uns heute Abend eine andere Lösung überlegen.« Wir sind beide sehr erschrocken. Wie konnten wir das nur übersehen?

Februar

Zu Hause checke ich noch mal Sams Experimenttüte: Ein kleines Döschen ist darin, in dem zu Zeiten der analogen Fotografie die kleinen Filmrollen aufbewahrt wurden. Dazu eine Kopfschmerztablette und die Versuchsanleitung: ›Ein Viertel der Tablette mit etwas Wasser in das Döschen füllen. Dann einen großzügigen Abstand einnehmen und beobachten, was passiert!‹

Wir probieren es aus. Die Tablette löst sich auf und katapultiert den Deckel des Döschens mit Wucht durch die Luft.

»Das ist ja lustig!«, rufe ich begeistert. Mein Sohn, der eigentlich für jeden Quatsch zu haben ist, erwidert kühl: »Gar nich funny!«

Abends sitzen Marc und ich dann zusammen. Wir rechnen durch, was uns eine Nanny am Nachmittag kosten würde – on top zu den Kindergartenkosten, die wir auf jeden Fall bis Ende dieses Trimesters voll zahlen müssen. Und wie wir uns neu organisieren können. Mary kann erst in einem Monat jeden Nachmittag kommen, bis dahin nur unregelmäßig, und maximal zweimal die Woche. »Ja«, fasst Marc trocken zusammen, »das wird sehr, sehr, sehr teuer und ganz schön viel Orga. Aber dafür haben wir trockene Betten und hoffentlich bald wieder Fingernägel.«

Der Elternabend

Der erste Elternabend steht an, inklusive Einzelgespräch mit Sams Lehrerinnen. Ich bin gespannt. Sehr gespannt sogar. Vor allem auf die anderen Eltern. Meistens sieht man sich ja nur kurz am Morgen, wechselt ein paar Worte, und dann muss jeder schnell weiter.

Ich bin auch darauf gespannt, wie sich Miss Amanda mir gegenüber verhält. Nach dem Horror-Science-Nachmittag hatte ich ihr am nächsten Tag mitgeteilt, dass wir es uns anders überlegt hätten: »Sam wird nachmittags nicht mehr kommen. Ich hole ihn jetzt immer um 12 Uhr ab.«

Ich hatte zwar versucht, ihr unsere Planänderung in einem netten, freundlichen Ton mitzuteilen, aber der Inhalt der Nachricht stand meiner Präsentation leider diametral entgegen. Das konnte auch mein Versuch nicht übertünchen, dabei möglichst britisch höflich zu klingen.

Ihr Gesicht sprach Bände: Ich habe selten jemanden gesehen, der sich so zusammenreißen musste, um nicht

Februar

zu implodieren. Ihr Mund wurde ein schmaler blutleerer Strich. Ihr ganzes Gesicht schien aufzuschwellen und knallrot zu werden. Sie schaffte es gerade noch, ein »Okay« hervorzupressen. Dann schloss sie schnell wieder den Mund. Wahrscheinlich war das auch besser, denn ich hatte das Gefühl, mich würde sonst ein Feuerstrahl treffen, und von mir würde nur ein kleiner rauchender Haufen Asche übrig bleiben.

Miss Catarina hatte offenbar das marktwirtschaftliche Konzept tiefer verinnerlicht und blieb hochprofessionell, ohne viel Aufhebens zu machen: »Es ist Ihr Kind! Und Ihre Entscheidung. Kinder haben unterschiedliche Phasen. You do what you think is best.« Ja, ganz genau. Danke.

Ich bin also gespannt auf die beiden Ladys und freue mich irgendwie sogar auf den Elternabend. Marc reist leider in der Weltgeschichte rum, und so mache ich mich alleine auf den Weg. In der Einladungsmail der Direktorin stand, dass es Drinks und kleine Snacks geben würde. Das hört sich doch schon mal sehr gut an. Und auf jeden Fall besser als in Berlin. Da gibt es meistens nur diesen faden Kinderfrüchtetee oder Leitungswasser, wenn es gut läuft noch ein paar staubige Kekse dazu, aber das war's. Und während man über Zähneputzen und Ausflüge in den Zoo diskutiert, sitzt man sich den Hintern auf zu kleinen Stühlen mit den Knien unter den Ohren platt und geht am Ende mit Rückenschmerzen nach Hause.

Ich komme zu meinem ersten Londoner Elternabend fast zu spät, bin eine der Letzten und dementsprechend völlig entgeistert, als ich die Versammlung erblicke, die mich da empfängt. Denn während ich in guter alter Berliner Manier im Parka mit Fellboots, hochgewuschelten Haaren und vereinzelten Schminkresten des Tages im Gesicht erscheine, stehen die meisten Mütter hier auf High Heels im kleinen Schwarzen mit frisch geföhnten Haaren. Ach du Scheiße. Das ist ja ein Cocktailempfang, kein Elternabend! Hätte mich da nicht mal jemand vorwarnen können?

Die Direktorin, ebenfalls im kleinen Schwarzen und eindeutigem Abend-Make-up, steht mit ihrem Mann hinter dem Büfett und bietet diverse Sorten Wein an, dazu köstlichen Käse, Obst und Cracker. Sie begrüßt mich in meinem Berliner Winter-Schlunz-Outfit, aber außer einem kurzen Zucken der linken Augenbraue, bewahrt sie sich ihr strahlendes Lächeln und bietet mir ein Glas Rotwein an.

»I'm so sorry«, sage ich peinlich berührt und etwas hilflos, »ich bin ja völlig underdressed! Wenn ich nur geahnt hätte ...«

Sie winkt ab – ach, wie herrlich die Engländer doch höflich lügen können: »Oh, pleeease, you look fabulous!«

Februar

Ich nehme den Wein dankbar an. Heute Abend muss ich mir ausnahmsweise mal mich selbst schöntrinken.

Tatsächlich ist der Abend nicht nur wegen der Cocktailkleider kaum mit unseren Berliner Elternabenden zu vergleichen. Es sind fast alle Eltern in kompletter Besetzung hier (die Väter im Anzug), und während ich mich mit Marisa unterhalte, höre ich, wie hier *business* gemacht wird. Hier unterhält man sich nicht über die monatlichen Klopapiermengen, nein, hier wird *connected*, *gedealt* und *business cards* ausgetauscht. Hier gibt man sich Tipps für den nächsten *amazing* Sommerurlaub, die weiterführenden Schulen oder die *upcoming* Sommerkurse der Kinder, und ganz nebenbei kann man abchecken, wer auch beruflich interessant sein könnte. Was für eine sensationelle Idee. Das sind ja vollkommen neue Dimensionen auf dem Elternabendterrain. Und so eine dröge Elternabendveranstaltung wird natürlich gleich bedeutend attraktiver, wenn man sie als Cocktailabend mit möglichen neuen Geschäftsverbindungen konzipiert. Großartig! Das muss ich mir für Berlin merken, denn meistens losen Marc und ich vorher aus, wer von uns hingehen muss, und haben beide gerne schon vorher »irgendwie so eine Kopfgrippe«.

Der Elternabend

Der erste Wein ist schnell geleert, mein Lehrergespräch steht an, und ich gehe dazu in den Nachbarraum. Wenigstens hier gibt es klare Überschneidungen zwischen London und daheim in Berlin, denn wir sitzen auch auf zu kleinen Stühlen an einem zu kleinen Tisch. Miss Amanda und Miss Catarina haben sich ebenfalls aufgestylt, aufwendig geschminkt und eindeutig schicker gekleidet als sonst. Von unserem kleinen Disput vor ein paar Tagen keine Spur! Es ist, als hätte er nie stattgefunden.

Sam ist jetzt seit acht Wochen hier. Seit er nur noch vormittags kommt, geht er wieder gerne in den Kindergarten. Wenn ich ihn frage, wie es war, ist die Antwort: »Fine«. Wenn ich ihn dann noch frage, was er so gemacht hat, lautet sie: »Hab ich forget.« Und wenn ich dann nachhake, ernte ich ein Vorwurfsvolles »Du fragst aber viel!«. Darum bin ich verständlicherweise sehr gespannt zu erfahren, wie es denn so läuft.

Miss Catarina, Sams *key teacher*, breitet zu Beginn ein großes Blatt aus. Ich starre auf Kurven und Linien und kann mir keinen Reim darauf machen. Sind das Sams Gehirnströme? Oder Kurvendiskussion für Fortgeschrittene? Das sieht auf jeden Fall nach einer Menge Arbeit aus. Ich sehe, dass da wöchentlich neue Eintragungen getätigt wurden. Das Ganze wirkt wie diese Akte im Krankenhaus, die an den Betten der Patienten festgeklemmt ist und auf der genau festgehalten wird, wann der Patient gegessen hat, wann er Wasser lassen musste oder wie der Ruhepuls nach dem Aufstehen war.

Und tatsächlich tragen die Lehrer hier ein, in welchen Bereichen die Kinder sich in welcher Form entwickeln. Zum Beispiel: Wie hält Sam den Stift, wie ist seine Sprache, sein Sozialverhalten etc. Was für ein wahnsinniger Aufwand! Da muss man die Kinder ja ständig beobachten und sezieren, um diese ganzen Infos zusammenzutragen.

Aber sie haben auch ein *busy book* für jedes Kind angelegt, in dem sie Bilder, Collagen und sonstige Projekte einkleben. Ich blättere das Buch durch und bin ganz angetan. Die machen wirklich hübsche Sachen hier. Auf einer Seite sollte Sam eine Collage von seiner Familie anfertigen. Dafür hatten sie offenbar Zahnarzt-Lesezirkel-Material zur Verfügung. Ich habe den Kopf von irgendeinem durchschnittlichen Model bekommen, Marc hingegen hat richtig abgesahnt! Sam hat ihm den Kopf von David Beckham gegönnt. »Das war auch unser Highlight des Tages«, kommentiert Miss Amanda die Collage schmunzelnd.

»Sam hat vom ersten Tag an sehr viel geredet«, fährt sie fort, »und zwar in einem unglaublichen Mischmasch aus Deutsch und Englisch. Und es war beeindruckend zu sehen, dass ihn sein fehlendes englisches Vokabular überhaupt nicht eingeschüchtert hat. Freunde hatte er ja schnell gefunden, und ihm gelingt es auch immer sehr gut, seine Wünsche zu vermitteln. Mittlerweile spricht er erstaunlich viel und gut Englisch. Manchmal fängt er zwar noch auf Deutsch an, und wenn wir ihn dann erinnern, dass er es doch in der anderen Sprache versuchen soll, dann switcht er, ziemlich problemlos ins Englische.«

Spitze, denke ich. Nach den Startschwierigkeiten scheint es jetzt ja zu laufen. Und natürlich hilft es, dass er seit er auf der Welt ist, zweisprachig aufwächst. Unsere Familiensprache war schon immer Denglish. Er hat zwar am liebsten auf Deutsch geantwortet, aber verstanden hat er schon immer beide Sprachen.

»Allerdings malt er in seinen Übungsheften die Buchstaben immer noch aus, anstatt die Umrandungen nachzuziehen.«

Ich lächle. Das ist doch großartig. Das hört sich für einen Vierjährigen absolut altersgerecht an.

Die beiden wirken etwas irritiert, dass ich so gar nicht darauf einsteige, sondern erfreut über die altersgerechte Entwicklung meines Sohnes lächle und anerkennend nicke.

Miss Catarina fährt fort: »Und es gibt noch eine andere Schwierigkeit. Sam verwechselt nach wie vor Zahlen und Buchstaben.«

Ich lächle weiter und warte auf die Schwierigkeit. Die Irritation der beiden wächst. Wir drei sehen uns an wie an einer Kreuzung, an der keiner weiß, wer denn jetzt die Vorfahrt hat. Bin ich jetzt dran mit einem Wortbeitrag? Habe ich meinen Einsatz verpasst? Worum geht es hier überhaupt?

»Also«, ergreift daraufhin Miss Catarina das Wort, »Sam muss in dem Bereich einfach noch aufholen.«

Aufholen? Wohin denn?

Ich bin nach wie vor irritiert und nicht sicher, ob ich hier über eine Feinheit des englischen Humors gestolpert bin. Sam ist gerade mal vier Jahre und drei Monate alt. Er kann bis 20 zählen, wenn er will. Manchmal halt auch nicht. Dann werden nach der Elf auch gerne Zahlen wie fünf Trillionen oder Achtmillionenfünfzehnacht in den Ring geworfen. Mittlerweile hat er kapiert, dass Zahlen sinnvoll sind, weil er dann irgendwann alleine den ganzen Sternenzerstörer von Lego Star Wars zusammenbauen kann.

Er hatte mal mit knapp drei Jahren eine Phase, da hat er sich wahnsinnig für Buchstaben interessiert. Die wurde allerdings relativ schnell von Playmobil abgelöst (oder war es der Waran, diese unglaubliche Echse, die ihn eine Zeit lang mit großer Macht in den Bann gezogen hatte?).

Im deutschen Schulsystem hat er mindestens noch anderthalb Jahre Kindergarten vor sich, da ich aber sowieso plane, ihn zurückstellen zu lassen, werden es vermutlich noch zweieinhalb Jahre sein. Ich würde mal sagen, da ist noch genug Zeit, den Unterschied zwischen Buchstaben und Zahlen zu lernen.

»Das britische Schulsystem sieht vor«, fährt Miss Catarina fort, »dass er im September eingeschult wird. Bis dahin muss er den Unterschied kennen. Die Schreibübungen erledigt er ja schon ganz gut. Er hält den Stift sicher, aber man muss ihn noch ermutigen.«

Jetzt muss ich wirklich laut lachen.

»Miss Catarina«, unterbreche ich sie, »wir kommen aus einem anderen System, und wir gehen zurück in ein anderes System.« Ich erkläre ihr kurz die deutsche Version. »Wenn er im Sommer immer noch keine Zahlen von Buchstaben unterscheiden kann, dann bin ich trotzdem sehr froh!«

Ihre Gesichter sprechen schiere Verwunderung: »Sie bleiben also gar nicht in England?«

»Vermutlich nicht«, antworte ich, und um mir oder vor allem um ihnen den Druck zu nehmen, füge ich noch hinzu: »Mir ist nur wichtig, dass Sam sich wohlfühlt. Dass er mit seinen Freunden spielt und gerne herkommt.«

Ich merke, wie es sie ein bisschen irritiert, wobei ich mir kaum vorstellen kann, dass sie in einem so internationalen

Februar

Kindergarten mit so vielen Familien, die nur auf der Durchreise sind, solche Gespräche nicht schon öfter geführt haben. Aber klar, alle, die hierbleiben und ihre Kinder in das englische System schicken, müssen jetzt anfangen, ihre Kinder zack-zack auf die Schule vorzubereiten.

›Wie gut, dass wir die Wahl haben‹, denke ich glücklich, als ich später am Abend leicht beschwipst aber mit vielen neuen Telefonnummern nach Hause stapfe. ›Aber das mit dem Cocktailempfang, das muss ich mir merken. Den Elternabend 2.0 muss ich unbedingt auch in Berlin einführen.‹

It's raining, it's pouring, the old man is snoring ...

Es regnet. Natürlich. Wir sind ja in London. Aber es regnet nicht einfach so. »Driving rain« heißt das, wie mir Mary erklärt. Ganz genau, »peitschender Regen« trifft den Zustand vor den Fenstern auf den Punkt. Die deutschen Meteorologen nennen das auch ganz lautmalerisch »Schlagregen«. Man muss einfach mal ganz nüchtern festhalten, dass der Monat Februar eben nur auf der anderen Seite der Erdhalbkugel so richtig schön sein kann.

Der Regen hat eine irrsinnige Kraft, aber er scheint nicht von oben zu kommen, so wie ich das kenne – aus den Wolken. Nein, er trifft vor allem seitlich auf, und zwar von allen Seiten gleichzeitig. Das heißt, man hat keine Chance, trocken zu bleiben. Einmal zur Bushaltestelle – und man ist bis auf die Unterhose klatschnass.

»This year is especially bad«, das höre ich immer wieder. Natürlich.

Februar

Wenn Marc in London ist und nicht durch die Weltgeschichte zu irgendwelchen Meetings reist, dann bringt er Sam in den Kindergarten, und ich sitze an solchen Tagen bereits um 7 Uhr früh am Schreibtisch, damit ich bis halb zwölf wenigstens irgendetwas erledigt habe, bevor ich Sam um Punkt 12 Uhr abholen muss.

Ich komme mir so langsam vor, wie eine Mutter in den 70er-Jahren, als noch alle Kinder um 12 Uhr zu Hause rund um den Mittagstisch saßen. Wie kann man so arbeiten? Die Antwort ist einfach: Gar nicht. – Es sei denn, man hat Personal, das sich um Kinder und Haushalt kümmert.

Wenn Marc nicht da ist, dann bringe ich Sam in den Kindergarten und setze mich danach in ein Café um die Ecke, um die Zeit maximal auszunutzen. Ich umhülle meinen Laptop dabei mit drei Plastiktüten, bevor er in meine Tasche kommt, um ihn vor dem prügelnden, impulsgestörten Regen zu schützen. Und dann sitze ich durchnässt und frierend bei einer Tasse Tee in einem Café mit – na klar! – undichten Fenstern, werde nur langsam trocken und warm und versuche zu arbeiten. Und das soll das mondäne London sein? Ich hatte mir das irgendwie anders vorgestellt.

Um 12 Uhr stehe ich dann – erneut bis auf die Knochen durchnässt und abgehetzt – vor dem Kindergarten und habe zwar ein glückliches Kind, aber auch eins, das sich am Nachmittag langweilt. Denn die meisten seiner *best buddies* bleiben bis in den Nachmittag hinein im Kindergarten oder besuchen irgendwelche seltsamen Fortbildungskurse. Und danach sind sie meistens so müde, dass es nur in Ausnahmefällen zu Verabredungen kommt. Jimmy ist sein liebster Freund, aber der kleine Schwede braucht verständlicherweise erst mal eine Pause nach seinem harten Arbeitstag in der Kita und kann erst ab 16:30 Uhr. Oder freitags ab 15 Uhr, weil am Freitag alle Schulen und Kindergärten bereits um 12 Uhr schließen, er aber freitags, nach so einer harten Woche, eben auch erst mal durchatmen muss.

Avi kommt auf Sams Hitliste gleich hinter Schweden-Jimmy, aber sosehr ich Avis Mutter mag, sie organisiert ihre Kinder von vorne bis hinten komplett durch, und darum hat Avi an einem Tag Schwimmen, am anderen Malen und an zwei Nachmittagen nach 15:30 Uhr noch Unterricht in Französisch. Ich bezweifle ehrlich gesagt, dass Letzteres irgendetwas bringt. »Glaubst du wirklich, dass er nach so einem vollen Tag überhaupt noch ein einziges Wort behalten kann?«, hake ich einmal vorsichtig nach.

»Probably not a lot«, lautet ihre trockene Antwort, »aber besser als gar kein Französisch.«

Ja, so kann man es auch sehen.

Februar

»Mama, ich vermisse meine Freunde in Berlin«, sagt Sam jetzt oft am Nachmittag, nachdem er die Zeit für sich beim Mittagessen und im Spiel versunken genossen hat. Wenn er mit seinen Londoner Freunden spielt, dann ist davon keine Rede. Aber ich glaube, er vermisst auch in erster Linie unsere Berliner Nachmittage mit den anderen Kindern und Müttern aus dem Haus. Und, wenn ich ehrlich bin: Ich vermisse sie auch. »Bereust du es, mit mir nach London gegangen zu sein?«, fragt mich Marc eines Tages. Er hat ein latent schlechtes Gewissen, weil er hier jetzt noch mehr arbeitet als früher. Nein, das tue ich nicht. Aber mein Netzwerk hat mir den Alltag in Berlin natürlich wesentlich leichter gemacht.

Man muss die Perspektive wechseln, um schätzen zu lernen, was man im Alltag für ganz selbstverständlich hält und gar nicht mehr hinterfragt. Bei uns in Berlin belegt keines der Kitakinder irgendwelche Nachmittagskurse. Wir Mütter reden eigentlich immer darüber, dass man mal dies oder jenes organisieren könnte und vielleicht auch sollte, aber dann sehen wir, wie unsere Kinder im Sommer durch den Hof rasen und nackt in die Planschbecken hüpfen, und fragen uns: »Warum eigentlich?«

Die sind drei, vier oder gerade fünf Jahre alt, die erziehen sich am Nachmittag gegenseitig, ihre Fantasie läuft auf Hochtouren, und abends sind sie alle zufrieden und müde. Im Winter treffen wir uns eben in unseren Wohnungen, oder wir übernehmen abwechselnd die Betreuung unserer Knirpse. Dann sind alle glücklich. Die Kinder, dass sie miteinander spielen können und häufig gemeinsam zu Abend essen, und wir Mütter, weil wir nicht alleine sind. Außerdem haben wir so die Option, mal ohne Begleitung Dinge erledigen zu können. Ohne große Planung oder zusätzliche Babysitterkosten.

Hier in London ist alles strukturierter, länger im Voraus geplant und lässt wenig Raum für Spontaneität. Jeder hat eine Nanny. Jeder hat einen dichten Terminplan – wie ein Spitzenpolitiker. Und ich merke schon nach diesen paar Wochen in London, wie schnell man da mit hineingesogen werden kann. In Berlin hinterfrage ich ja auch nicht jeden Schritt, sondern oft genug schwimme ich im Rhythmus und Strom meiner Umgebung mit. Aber das Leben in Berlin wirkt aus der Londoner Perspektive wie ein Streichelzoo in Slow Motion.

Sam und ich versuchen am Nachmittag, so oft es geht einen Ausflug zu machen, um nicht dem Regen-Wohnungs-Koller zum Opfer zu fallen. Wir gehen regelmäßig in Museen, denn die sind hier bis auf Sonderausstellungen grundsätzlich kostenlos. Und so besuchen wir

Februar

manchmal nur für zehn Minuten den ausgestopften Waran, Sams Lieblingsechse im *Natural History Museum* und essen einen Brownie in der schönen Cafeteria. Oder wir sehen uns die nachgebaute Mondstation im *Science Museum* in der Nähe des Hyde Park an. Inklusive eingehender Begutachtung des Museumsshops und An-und Abfahrt sind so schon mal zwei bis drei Stunden am Nachmittag geschafft. Ein heißes Bad später, um sich wieder von dem kalten Regen zu erholen, und es ist schon fast Abendessenszeit. Ich versuche immer wieder aufrichtig, diese Nachmittage zu genießen. Wann hat man denn schon die Möglichkeit, mit seinem Kind eine neue Stadt zu entdecken? Was ist denn das für ein Luxus? Manchmal schaffe ich das. Dann sind die Tage toll. Dann sitzen wir alle drei abends zusammen beim Abendbrot und haben allerbeste Laune. Ich, weil ich den Tag genossen habe, Marc, weil er nicht das Gefühl haben muss »O Gott, kann man mich bitte klonen, damit ich allen gerecht werde?«, und Sam sowieso, weil er einfach glücklich ist, wenn alle glücklich sind.

Oft ist aber der innere Druck zu groß und meine To-do-Liste zu lang, und ich habe das Gefühl, vor lauter Gedanken eine Gehirnhautentzündung zu bekommen. Diese Tage sind zum Heulen. Denn sie sind gleich dreifach verlorene Tage, für mich und Sam als Einheit, für mich und meine Arbeit und für mich als Lucie.

It's raining, it's pouring, the old man is snoring ...

Die Nachmittage, die Mary mit ihm verbringt, finden zwar nur selten statt, sind dann aber umso großartiger. Nicht bloß weil ich endlich in Ruhe arbeiten kann und keine Nachtschichten machen muss, sondern auch, weil Sam so glücklich ist. Mary ist das Beste, was uns passieren konnte. Sie ist Ende zwanzig und sieht aus wie eine Mischung aus David Bowie und Annie Lennox. Sie hat kurze wasserstoffblonde Haare und den besten Humor der Welt. Sie ist unglaublich clever, sprüht vor Kreativität, ist in London aufgewachsen und kennt jede Ecke der großen Stadt wie ihre Westentasche. Sie hat den schönsten britischen Akzent, sie kennt jedes englische Kinderbuch und jedes englische Kinderlied. Als Erstes bringt sie Sam das *Lied zum Wetter* bei: »It's raining, it's pouring, the old man is snoring ...«.

»Man muss singen bei diesem Wetter!«, erklärt sie uns. Und so verbringen die beiden die Nachmittage singend. Ihr kleiner Bruder ist zehn Jahre jünger als sie, darum weiß sie alles über Star Wars und Lego und fachsimpelt mit Sam, dass mir die Ohren nur so klingeln. Sam und sie sind ein »match made in heaven«, wie man so schön sagt. Sie haben schon nach ein paar Tagen ihre Insiderwitze, sie reimen und lachen und haben dasselbe hohe Energielevel.

Februar

Diese wenigen Nachmittage sind unsere Highlights, und ich zähle die Tage, bis sie endlich mehr Zeit für uns hat. Und ich glaube, wenn Sam schon weiter als bis 15 zählen könnte, dann würde er es auch tun.

Eine Dusche in meinem Arbeitszimmer

Ich sitze eines Morgens Anfang März an meinem Schreibtisch und will arbeiten. Sam und Marc sind bereits aus dem Haus, da höre ich ein Plätschern. Ich drehe mich um und versuche, das Geräusch zu lokalisieren. Es ist so ein dumpfes Plätschern. Ich schleiche durch das Zimmer. Platsch. Ein dicker Tropfen landet auf meinem Kopf. Ich sehe an die Zimmerdecke, da trifft mich gleich der nächste fette Tropfen im rechten Auge. Autsch!

Das kann jetzt ja wohl nicht wahr sein! Es regnet rein! Ein schöner Riss in der Decke, durch den der *driving rain* seinen Weg findet und auf unseren dicken beigen Teppich tropft. Daher auch das dumpfe Geräusch. Der Teppich ist bereits völlig durchnässt, quietscht und quappscht bei jeder Berührung.

Ich stelle einen Eimer auf, der sich im Nu füllt, und rufe unseren Vermieter an. Richard ist Anfang vierzig, mit zerzausten Haaren und Nickelbrille. Er ist Schriftsteller und schreibt Bücher über das englische Königshaus. Man könnte ihn als Romanfigur nicht besser erfinden.

Als er von der ungewollten Dusche im Arbeitszimmer erfährt, wirkt er zwar nicht besonders erfreut, aber auch irgendwie ziemlich entspannt: »Oh dear«, sagt er, »wie stark regnet es denn rein?«

Als ich ihm erkläre, dass der Eimer sich doch ziemlich schnell füllt, ist seine unfassbare, aber so typisch britische Antwort: »Okay. Zum Glück hast du ja einen Eimer!«

Äh, ja, und jetzt?

»Ich komme nachher mal vorbei und sehe mir das an.«
Na, der hat ja Nerven.

Am Nachmittag starren wir dann gemeinsam auf den Riss in der Decke. Sam ist begeistert, dass es in der Wohnung einen kleinen Wasserfall gibt. Richard murmelt die ganze Zeit vor sich hin: »I just don't know where it might come from ...« Na ja, woher soll das Wasser schon kommen?

Über dem Zimmer liegt unsere Terrasse, die zwar einen sensationellen Blick über die Dächer von Notting Hill bietet, aber auch ziemlich abgerockt ist: Die Kacheln sind nicht sauber verlegt und teilweise zersprungen. Und an allen Ecken entdeckt man Spalten und Risse. Für den »peitschenden, schlagenden, würgenden, prügelnden Regen« ist das ein gefundenes Fressen, seinen Weg in mein kleines Reich zu finden.

»Also«, fängt Professor Hastig an, »ich werde jetzt mal zusehen, dass ich einen Handwerker zu fassen bekomme. Bis dahin wäre es schön, wenn du den Eimer regelmäßig leeren könnest. Es regnet aber auch wirklich viel in diesem Jahr.«

Mmh, denke ich. Interessant. In Deutschland würde man jetzt als Erstes über Mietminderung debattieren und sich relativ bald dem Katastrophenstatus nähern. Wahrscheinlich würde man gleich ein paar Stützen errichten, um die aufgeweichte Decke vor einem möglichen Einsturz zu sichern. Eventuell sogar das Haus evakuieren, Nachbarhäuser inklusive. Hier scheint das alles etwas lockerer genommen zu werden.

Am nächsten Morgen ruft er an: »Ich bekomme erst in drei Tagen einen Handwerker. Alle Dachdecker der Stadt sind 24 Stunden im Einsatz. In ganz London regnet es durch die Dächer.«

»Aber es riecht schon ganz muffig hier, und ich kann nicht ständig den Eimer wechseln«, erwidere ich. Aber auch dafür hat er eine Lösung: »Stell die Heizung an und mach das Fenster auf. Ich komme nachher und lege eine Plane auf die Terrasse.«

März

Hat der schon mal was von Umweltschutz gehört? Heizung an und Fenster auf? Geht's noch?

O Gott, denke ich, und mein akkurates deutsches Herz kriegt die Krise, während ich die Heizung anstelle und das sowieso undichte Fenster noch weiter öffne. Ich sollte jetzt wenigstens meinen Mitgliedsbeitrag bei Greenpeace erhöhen, schießt es mir durch den Kopf.

Als wir hier einzogen sind, wunderte ich mich in den ersten Tagen über den ständigen Windzug. Ich suchte die Wohnung nach dem offenen Fenster ab, bis ich realisierte: Die Fenster sind geschlossen, aber total undicht.

Nicht nur, dass es sich um Einfachverglasungen aus dem (vor)letzten Jahrhundert handelt, die meisten Fenster lassen sich gar nicht richtig schließen.

»Na, sitzt du in Ski-Unterwäsche am Schreibtisch?«, fragte mich Simone erst neulich, eine deutsche Architektin, die seit zehn Jahren in London lebt und deren Sohn auch in Sams Kindergarten geht. Als ich erstaunt und ertappt nicke, lacht sie: »Willkommen in London! Du kannst dir gar nicht vorstellen, was für Pionierarbeit ich hier in Sachen Doppelverglasung leisten muss. Und wenn ich von Dreifachverglasung anfange, denken alle, ich komme vom Mond oder will eine spooky Forschungsstation errichten!«

Okay, wir sind kein Einzelfall. Nur, wie absurd, dass wir einerseits horrende Mieten zahlen, der Standard der Wohnungen aber eher einer seit Jahrzehnten nicht renovierten Studentenbude gleicht.

»Och, wir haben ein Loch in der Fensterscheibe im Wohnzimmer«, erzählt Marisa, die mit ihrer Familie gerade aus Madrid nach London gezogen ist. »Und der Vermieter meinte dazu ganz lakonisch: »I have seen worse!«

Ja, bestimmt hat er schon Schlimmeres gesehen, aber das hilft einem nur bedingt weiter, wenn man dauernd einen steifen Nacken hat, weil es ständig wie Hechtsuppe zieht. Andererseits ist das Problem flächendeckend in London zu beobachten. Erst gestern waren wir wieder im Natural History Museum, und um das große Walskelett herum waren fünf Eimer aufgestellt, die das Regenwasser auffangen. London scheint eine einzige Bruchbude zu sein.

Als ich mit Sam am Nachmittag nach Hause komme, liegt auf der Terrasse eine schwarze Folie, die mich an auseinandergeschnittene Mülltüten erinnert. Beim näheren Hinschauen entpuppt sie sich auch als genau das. Sie ist mehr schlecht als recht mit Blumenkübeln beschwert und mit Tape befestigt, das sich aufgrund der Feuchtigkeit (!) bereits ablöst. Tatsächlich ist der Wasserfall in meinem Arbeitszimmer versiegt. Allerdings regnet es auch nicht mehr. Man fragt sich, wie diese Nation einst so viele Länder erobern konnte und es heute noch nicht einmal hinbekommt, die Dächer in ihrer Hauptstadt ordentlich zu versiegeln.

Drei Tage später steht Richard mit drei Dachdeckern auf meiner Terrasse. Sie beratschlagen sich. Ich höre mit halbem Ohr zu. Ich habe ausgesprochen wenig Lust auf eine Großbaustelle auf der Terrasse, andererseits will ich aber auch keine Indoordusche.

»So«, teilt mir Richard das Ergebnis der spontanen Fachkonferenz mit, »das Beste wäre, wenn wir die ganzen Kacheln abschlagen und einen neuen Estrich gießen. Dann ist das Problem hoffentlich ein für alle Mal gelöst.«

Auch wenn das bedeutet, eine Woche lang die Handwerker in der Bude zu haben – es hört sich nach einer sinnvollen und vor allem gründlichen Entscheidung an.

»So sehr pfuschen die Handwerker hier bestimmt nicht«, denke ich leise, »Simone hat bestimmt übertrieben!«

Am Abend ruft Richard dann noch mal an. Man hätte es sich jetzt doch anders überlegt. Sie würden lieber Teerpappe auf die Kacheln legen. Das müsste ausreichen und würde außerdem Zeit und natürlich auch Kosten sparen. Ich ahne, dass das eine Geschichte mit vielen Kapiteln wird. Und ich merke, wie erschreckend, beruhigend, überraschend – ich habe mich in diesem Punkt noch nicht entschieden – deutsch ich bin; wie gern ich das Problem gründlich gelöst und mit Stumpf und Stiel beseitigt haben möchte. Ich will am liebsten, dass der deutsche TÜV kommt und die Terrasse begutachtet, und dann hätte ich noch gern einen Statiker, der mal das ganze Haus unter die Lupe nimmt. Und wenn wir schon dabei sind: Einen Besuch der Lebensmittelkontrolleure in unserem Pub um die Ecke fände ich ebenfalls angebracht, denn die Toiletten liegen quasi in der Küche und … ahhhh! You can take a girl out of her country but you cannot take the country out of the girl!

Die Teerpappe wird schnell verlegt, sieht gruselig hässlich aus, scheint aber zufriedenstellend abzudichten – bis zum nächsten Regenguss. Und der lässt natürlich nicht lange auf sich warten, schließlich sind wir in London.

»Es hat nicht geklappt«, flöte ich unserem Vermieter kurz darauf in den Hörer und kann mir eine gewisse Genugtuung nicht verkneifen. Ach, diese Engländer! Denen müsste man mal gute deutsche Handwerker zeigen! Ich sage dazu nur: Billig Kauf ist teurer Kauf!

Obwohl es 1:0 für mich steht, schlurfe ich schlecht gelaunt durch den Regen zum Kindergarten. Unser Weg führt uns danach wie immer an Kensington Gardens vorbei durch eine private Straße, die an beiden Enden von Polizisten bewacht wird. Mary nennt sie liebevoll »Crazy Street« oder »Disney Street«. Als Spaziergänger darf man hier durchlaufen, mit dem Auto nur mit Genehmigung, und fotografieren darf man auf gar keinen Fall.

In der Straße befinden sich Botschaften in unglaublichen Prunkbauten, und hier kann man auch die Privatvillen der Beckhams und Ecclestones finden. »Es regnet schon wieder in mein Arbeitszimmer«, knurre ich Hilly beim Vorbeischlendern an den Palästen durchs Telefon ins Ohr.

»Aber da soll ich doch nächste Woche schlafen?«, erwidert Hilly entsetzt.

»Du kannst ja zu Victoria und David ziehen«, sage ich, während ich am Haus der Beckhams vorbeigehe. Obwohl, was sehe ich da? Steht da auch ein Dachdeckerwagen vor der Tür? Haben die Beckhams und wir womöglich das genau gleiche Problem?

Irgendwie ist die Situation völlig absurd. Wir wohnen in Laufnähe zu William und Kate, den Beckhams und einem Haufen anderer Steinreicher und zahlen fünfmal so viel Miete wie in Berlin. Dafür regnet es rein, und die gesamte Wohnung riecht mittlerweile nach nassem, altem Schaf.

Eine Dusche in meinem Arbeitszimmer

Anfang der nächsten Woche rückt eine neue Bauarbeitertruppe an. Jetzt geht man davon aus, dass das Wasser durch die seitliche Verkleidung der Terrassenwand seinen Weg findet. »Wir befestigen auch an der Wand Teerpappe! That should do the trick!«

In mir schreit alles »BAUPFUSCH«, aber leider kenne ich das englische Wort nicht. Ich knirsche stattdessen mit den Zähnen.

Am Wochenende rücken noch mehr Bauarbeiter an. Alles nette, muskulöse Jungs aus dem Osten Londons, die sich sofort bei den *Chippendales* bewerben könnten. Ihr East-London-Akzent ist für meine Ohren nur schwer zu verstehen. Sam hat zu meinem Erstaunen mal wieder null Verständigungsprobleme. Er übernimmt den Small Talk und zeigt sein Star Wars Lego-Spielzeug. Die Handwerker bestaunen es gebührend. »Lookaddis funnay fhing. Me sunn wuh lohv iht.«

Unser Flur ist zu schmal und auch zu frisch renoviert, das Baumaterial muss auf anderem Wege in die Wohnung gebracht werden. Sie ziehen es an Seilen auf die Terrasse hoch, und es würde mich nicht wundern, wenn sie das Zeug mit Eseln hergebracht hätten. In mir klingeln die Worte »Bauvorschriften« und »Sicherheit am

März

Arbeitsplatz« hysterisch im Duett, und apropos, wo sind eigentlich eure Schutzhelme und Leuchtwesten? Aber ich scheine die Einzige zu sein, die sich darüber Gedanken macht. Außer Marc. Der wird auch weiß im Gesicht, als er sieht, wie das schwere Material an einem dünnen Seil über das Geländer in unsere Dachetage gezogen wird. Er dreht sich zu mir um: »Die haben doch 'nen Knall!« Einer der Bauarbeiter reibt sich seinen Ellenbogen.

»Everything allright?«, fragt Marc. Der Bauarbeiter nickt. »Ja, ich habe mir vor zehn Tagen den Ellenbogen gebrochen. »Aber, hey«, lacht er, »auf dem Hintern rumhocken zahlt leider keine Rechnungen!«

Marc stottert völlig überfordert irgendwas von »Sorry to hear that ...« Ich will »Unfallversicherung« und »Krankentagegeld« vorschlagen, halte aber lieber den Mund.

»Lass uns spazieren gehen und später wiederkommen«, stöhnt Marc, »ich kann das kaum mit ansehen.«

Ach, sind wir deutsch, urdeutsch! Oder nur uranders? Und was ist das bitte für eine interessante Sozialstudie! Während jede Faser in unserem Körper schmerzt, weil wir den Lösungsweg als nicht gründlich genug empfinden, sind die Engländer bei so etwas völlig tiefenentspannt.

Eine Dusche in meinem Arbeitszimmer

Wir wollen es solide und gründlich. Wir mieten lieber, als dass wir kaufen, und wenn, dann kaufen wir etwas »Ordentliches« und verwurzeln uns damit auf immer und ewig. Kredite werden genauestens auf Vor- und Nachteile abgewogen, aber dann wird der Pflock in die Muttererde gerammt, und man bleibt für immer.

Die Briten sind da viel lockerer. Man kauft jung und verschuldet sich dabei haushoch. Wenn es blöd läuft, verkauft man eben wieder, oft inklusive des Mobiliars. Wir überdenken alles, was uns sehr gründlich, aber auch sehr schwerfällig macht – und Uromas Vitrine kommt bitte immer mit!

Ich muss sagen, auch wenn ich tendenziell immer für Dreifachverglasung bin und es nachdrücklich unterstütze, dass man das ganze Heizungssystem in London dringendst einer Frischzellenkur unterziehen sollte – ich mag die Leichtigkeit, mit der die Engländer durchs Leben gehen. Manche würden es vielleicht als fahrlässig bezeichnen und damit auch recht haben, aber trotzdem hat es was: Luft, Unbeschwertheit, einen freien Blick.

Und während wir drei in den nächsten Park spazieren, frage ich mich, ob die Engländer nicht einfach viel spiritueller sind als wir und quasi den wahrhaften Buddhismus

März

leben. Denn: Alles ist endlich. Nichts ist für die Ewigkeit. Besitz können wir nicht mitnehmen. Und wer weiß, ob es die Welt in 30 Jahren noch gibt? Vielleicht sind die Engländer einfach nur erleuchteter und leben im Hier und Jetzt. Ich werde das weiter beobachten.

Wer zuerst lacht, lacht am längsten

Michiko – eine Japanerin in London

Michiko ist eine zarte und unglaublich hübsche Japanerin, die seit zwei Jahren mit ihrem Mann und ihrem Sohn Haruto in London lebt. Ihr Englisch ist nahezu perfekt genauso wie ihre Outfits, und wenn ich auf ihre Fingernägel schaue, werde ich grün vor Neid: Die sind nicht nur immer 1a maniküirt, sondern oft mit kleinen Blumen verziert. »Wo hast du die denn machen lassen?«, frage ich fasziniert, und ihre Antwort lautet: »Das mache ich selbst.«

Aber ich beneide nicht nur die mit Zahnstochern aufgetupften Glitzerblumen auf ihren perfekten Fingernägeln (und bestimmt auch Fußnägeln), sondern vor allem ihre Geduld mit ihrem Sohn. Sie scheint irgendwo in sich eine endlose, nicht versiegen wollende Quelle der Langmut zu haben, während mein Geduldsfaden dagegen leider oft so dünn ist wie ein Babyhaar.

März

Ihr Sohn geht mit Sam in die gleiche Kindergartenklasse. Haruto ist ein zierlicher, fast schmächtiger Junge. »Oh, der ist sogar für japanische Verhältnisse klein!«, kommentiert Michiko seine Größe regelmäßig. Er ist unglaublich clever und hat schon mit knapp vier Jahren selbstständig riesige Lego-Raumschiffe mithilfe der Anleitung gebaut.

Was er allerdings nicht aushält, sind Abschiede. Abschiede – ganz egal welcher Art – sind für ihn kaum zu ertragen. Wenn wir den Nachmittag im Park verbringen, dann ist Weltuntergang angesagt, wenn wir alle nach Hause gehen. Er schluchzt dann unaufhörlich und ist durch rein gar nichts zu beruhigen.

Wenn ich an Michiko denke, dann sehe ich sie immer vor ihm knien, seinen Roller mit einer Hand festhaltend, während sie ihn mit dem anderen Arm umarmt und tröstet. Die ersten Male wollte Sam immer abwarten, bis sich sein Freund wieder beruhigte. Doch er begriff relativ schnell, dass dieses Vorhaben seeehr viel Zeit in Anspruch nehmen würde. Und so verabschieden wir uns regelmäßig von einem schluchzenden Haruto.

Drehen wir uns dann noch einmal zu ihnen um, bevor wir den Park verlassen, dann haben sie sich keinen Millimeter vom Fleck bewegt, und Michiko streichelt Haruto immer noch ganz verständnisvoll über den Rücken.

Und jedes Mal denke ich »Ach, diese Asiaten, die sind alle so geduldig mit ihren Kindern!«. Ja, in Gedanken schmeiße ich gerade alle Asiaten in einen Topf mit der Überschrift »Sanftmütig und geduldig!«. Und Deutschland ist Europa und die Erde eine Scheibe.

Als ich Michiko mal auf ihre Geduld anspreche und gleich hinterherschiebe, wie bewundernswert ich es finde, dass Japaner ja so achtsam mit ihren Kindern sind, sieht sie mir lachend ins Gesicht.

»Das ist nix Japanisches, Lucie! Ganz im Gegenteil! Das habe ich mir von den Müttern hier abgeschaut!«, sagt sie.

Wie bitte? Von den Engländerinnen? Oder na ja gut, eben von den Müttern aus aller Welt, denn die Dichte an englischen Familien auf dem Spielplatz in den Kensington Gardens ist nur unwesentlich höher als im Kindergarten.

»Die ersten Wochen auf dem Spielplatz konnte ich kaum glauben, wie liebevoll Mütter in der Öffentlichkeit mit ihren Kindern umgehen. Und ich genieße es so, dass ich das hier darf, ohne mir abschätzige Blicke einzufangen. Ich habe mir fest vorgenommen, das Kuscheln nach Tokio zu importieren!«

März

Ich bin sprachlos. Ist das wirklich so?

»Wenn du mit deinem Kind in Tokio lebst, lernst du als Erstes, deine Mimik zu beherrschen und dir eine große Bandbreite an traurigen, schuldbewussten und zerknirschten Gesichtsausdrücken sowie eine umfangreiche Palette an Entschuldigungen zuzulegen.«

Wie jetzt? Ich lege den Kopf schief und sehe sie fragend an.

»Ja«, lacht sie, »U-Bahnfahren ist das Schlimmste, weil man von einer Mutter erwartet, dass sie ihr Kind im Griff hat und sich das Kind immer perfekt benimmt, also stillsitzt und nichts sagt. Wenn du meine japanischen Freundinnen fragst, wovor sie sich am meisten fürchten, wenn sie zurück nach Japan gehen, dann sagen sie: ›Davor, mit meinem Kind U-Bahn zu fahren!‹ Wir Japaner sind ständig damit beschäftigt, unsere Wirkung auf andere zu hinterfragen.«

Das hört sich wirklich anstrengend an. Man kann sich wahrscheinlich nie komplett von der Meinung anderer freimachen, aber das hört sich nach dem Olymp der sozialen Kontrolle an, die einen auf Schritt und Tritt im Auge behält, kommentiert, aburteilt und straft.

»Bevor ich mit Haruto in Tokio in die U-Bahn steige, bin ich schon schweißgebadet. Weil er sich natürlich bewegt und vielleicht auch mal gegen jemanden stößt, und dann wird von mir erwartet, dass ich streng bin und wegen seines schlechten Benehmens ein sehr trauriges und zerknirschtes Gesicht mache und mich in einer Endlosschleife entschuldige. Und es wird von mir erwartet, dass ich mein Kind vor allen Anwesenden zurechtweise! Dass ich hart durchgreife. Ich bin in Tokio auch viel strenger mit ihm, auch wenn ich es eigentlich gar nicht will. Es ist schwer, dagegen anzugehen, weil jeder es so macht und die Erwartungshaltung so groß ist. Und hier? Man wird als Mutter angelächelt, der Busfahrer wartet, man kuschelt mit den Kindern. Also, was ich sagen will, mein Alltag mit Kind könnte entspannter nicht sein.«

Tatsächlich empfinde ich London im Alltag auch als sehr kinderfreundlich. Der Druck und der Stress kommen eher vom Leistungsanspruch im Kindergarten, in den Schulen und von der elterlichen und gesellschaftlichen Erwartungshaltung, dem alltäglichen Lebensmotto *höher, schneller, weiter*. Sich hier in der Stadt mit einem Kind zu bewegen ist wesentlich entspannter als in Berlin.

»Life ist too exciting to sit still«, war die Bemerkung einer älteren Dame, als wir kürzlich mit dem Bus fuhren und Sam immer wieder mit seinen Füßen gegen ihr Bein trat. Ich entschuldigte mich (mit einem traurigen, sehr zerknirschten Gesicht), aber sie winkte lächelnd ab. Oder der indische Busfahrer, der jeden Morgen auf uns wartet, während wir im strömenden Regen versuchen – mal wieder viel zu spät –, die Straße zu überqueren. Das ist nicht nur netter als in Tokio, sondern auch wesentlich freundlicher als in Berlin.

Seit Haruto auf der Welt ist, arbeitet Michiko nicht mehr und widmet sich ganz der Einheit Familie und Sohn.

»Halbtagsjobs sind keine richtigen Jobs«, erzählt mir Michiko, »auf jeden Fall wird das in Japan so gesehen. Es gibt so gut wie keine Nannys oder Babysitter. Ein paar Filmstars haben sich mittlerweile eine Nanny zugelegt, aber das gilt als total exotisch! Das ist nicht wie hier in London, wo jeder eine Nanny hat.«

Zwar wage ich zu bezweifeln, dass in ganz London jeder eine Nanny beschäftigt, aber wir leben im Dreieck Notting Hill, Kensington und Chelsea, und das sind Stadtviertel, deren Bewohner über ein gewisses Budget verfügen.

In diesem Teil der Stadt ist es nicht nur völlig normal, eine Nanny zu haben, es wird eher gestaunt, wenn man keine hat. Was natürlich ebenso absurd ist wie andersrum.

Nannys gibt es hier wie Sand am Meer, ob die Mütter arbeiten oder nicht, eine Hilfe im Haushalt und für die Bewältigung des Alltags gehört zum guten Ton. In Berlin hatte ich oft das Gefühl, dass ich mich für mein Babysitterkontingent rechtfertigen musste. Eine Freundin von mir behauptete sogar mal, dass ihre Kinder bei der Oma oder bei ihrem Mann sind, wenn sie unterwegs ist, weil sie der Bewertung durch andere Mütter entgehen will, wenn sie zugibt, dass sie eine Nanny hat. Was auch wieder vollkommen absurd ist.

Aber ich muss zugeben, dass ich mich in London freier fühle, wenn es um das Thema Babysitter geht. Mein schlechtes Gewissen aber, ob ich zu viel arbeite, genug Zeit mit Sam verbringe, oder ob er dringend mehr Gemüse essen sollte, das bleibt. Das scheint keine Landesgrenzen zu kennen.

»In Tokio kannst du dein Kind schon mit einem Jahr betreuen lassen, aber dann musst du auch voll arbeiten«, erzählt Michiko weiter, »ansonsten ist man in Sachen Kinderbetreuung auf die Hilfe der Familie angewiesen. Und wenn man heiratet, dann geht man als Frau in die Familie des Mannes über. Und du kannst dir vorstellen, dass das nicht immer glatt verläuft. Wir haben im Japanischen sogar einen Begriff dafür. Übersetzt heißt das etwa ›in-lawbattle‹.« Was man elegant mit *Schwiegerkrieg* ins Deutsche übertragen könnte.

Interessant, Kämpfe mit den Schwiegereltern kennen wir ja in Deutschland auch. Aber die japanische Version scheint noch viel archaischer zu sein.

»Was mich allerdings nach wie vor stark irritiert, ist das Protektive; die Tatsache, dass die Eltern immer so hinter ihren Kindern herlaufen. Das ist mir völlig fremd.«, sagt sie. »wir versuchen, unsere Kinder möglichst schnell zur Selbstständigkeit anzuhalten. Deswegen müssen die sich auch so früh gut benehmen. Es gibt eine Fernsehshow in Japan, die heißt ›Meine erste Besorgung‹. Da begleitet eine versteckte Kamera Drei- bis Vierjährige bei ihrer ersten eigenständigen Besorgung. Also, zum Bäcker gehen aber auch den Bus zur Oma nehmen. Das ist ein riesiges TV-Event und ein absoluter Klassiker im japanischen Fernsehen. Als wir nach London kamen, war einer meiner ersten Gedanken: ›Die Show würde hier gar nicht funktionieren!‹»

Krass. Drei- bis Vierjährige Kinder fahren alleine Bus. Wenn ich das in Berlin tun würde, dann wäre ich auch im Fernsehen. Allerdings bei der »Super Nanny Spezial«, die mir erklären würde, dass ich total verantwortungslos sei, und danach käme das Jugendamt bei mir vorbei.

Wenn ich in Deutschland schon häufig den Eindruck habe, dass der Aktionsrahmen der Kinder eingeengt ist, dann hat das hier noch mal ganz andere Dimensionen. Die Grenze zur Hysterie ist hauchdünn.

Ab und zu erhalten wir Sammelmails mit Warnungen oder – seien wir ehrlich – blanker Panikmache: »Ein Fremder hat im Holland Park versucht, ein Baby aus dem Kinderwagen der Nanny zu reißen. Die Nanny hat ihn in die Flucht geschlagen. Bitte E-Mail weiterleiten und achtet besonders auf eure Kinder im Holland Park!«

So was lässt mir das Blut in den Adern gefrieren.

»Ach, das ist Fake«, sagt unser südafrikanischer Freund, »pure Angstmache, um die Eltern zu verunsichern und daran zu erinnern, dass sie ihre Kinder nicht irgendwo alleine lassen.« Mag sein, aber bei mir wirkt es.

»Weißt du, was ich an der englischen Sprache liebe?«, sagt Michiko, »dass hinter jedem Satz und sogar hinter jeder Schimpftirade ein ›love‹ oder ein ›darling‹ kommt. Das ist so, als ob man in dem Moment sein eigenes Herz noch mal aufmacht und eine kleine Entschuldigung einbaut. Ich finde das so bezaubernd. Seitdem schimpfe ich nur noch auf Englisch. Im Japanischen geht das nicht so gut.«

Das ist ein schönes Bild: »Es macht das Herz auf!«. »sweetheart«, »luv« und »darling« werden tatsächlich an fast jeden Satz angehängt. Ob das nun alles ernst gemeint ist oder nicht, aber irgendwie macht es etwas mit einem, dem Sagenden und dem Hörenden, wenn man mit diesen Kosenamen aus dem Wortbeitrag entlässt oder entlassen wird. Alles wird sanfter und wirkt, als ob man einen feinen rosa Filter über den Alltag legt.

»Und mit seinen Kindern in der Öffentlichkeit kuscheln!«, schwärmt Michiko weiter. »Nie, nie, nie würde ich mich das in Tokio trauen! Umarmungen und Küssen gelten als unangemessenes Verwöhnen.«

»Sag mal, ist das eigentlich normal, dass Väter mit ihren Kindern spielen?«, fragt sie. »Ich kann bis heute nicht glauben, wie Sams Vater mit den Kindern herumgetobt hat, als wir bei euch zu Besuch waren. Das würden japanische Männer niemals tun!« »Nun ja«, sage ich, »das ist natürlich von Fall zu Fall verschieden, aber grundsätzlich holt man sich als Mann eher Pluspunkte, wenn man mit den Kindern tobt.« Sie nickt und seufzt dabei ein wenig. »Unsere Kultur ist so anders!«

»Leider ist Haruto sehr japanisch«, sagt Michiko, »wir funktionieren alle wie geeichte Maschinen. In Japan endet ein normaler Arbeitstag um 22 Uhr. Mein Mann ruft mich hier abends an und sagt: ›Ich komme heute früh nach Hause‹ und meint damit 20:30 Uhr.« Okay, das ist tatsächlich eine sehr interessante Wahrnehmung. Sogar Marc, der gerne auch erst um diese Zeit nach Hause kommt, würde diese Uhrzeit nicht als frühen Feierabend bezeichnen.

»Wir sind ein völlig verrücktes Arbeitsvolk, es geht dauernd um Wettbewerb. Darum kriegen auch immer mehr Frauen erst sehr spät Kinder, wenn überhaupt. Und das, weil sie vorher arbeiten wollen. Dann bekommen sie auch nur ein einziges Kind, weil sie dann alles in dieses eine Kind investieren können. Ich wünschte mir manchmal, dass Haruto weniger ›funktionieren‹ würde. Wenn ich mir Sam so ansehe, der sich wie ein Löwe brüllend auf den Spielplatz stellt und so aus sich herausgeht, würde ich mir manchmal wünschen, dass mein Sohn es ihm nachmacht. Aber er scheint sie in den Genen zu haben, diese Selbstbeherrschung. Das ist zwar sehr praktisch für die Schule, denn er beachtet die Regeln strenger als so mancher Lehrer. Aber fürs Leben?«

Ja, was will man seinen Kindern eigentlich fürs Leben mitgeben? Nicht dass ich mir diese Frage nicht auch schon in Berlin gestellt habe. Aber dieser *melting pot* hier hilft mir dabei, meinen Blick zu schärfen. Wenn ich »Wünsch Dir was« spielen dürfte, dann würde ich mir wünschen, dass mein Sohn mal alles ausprobieren kann. Von Löwengebrüll über Funktionieren, von strategischem Denken bis zum Leben einer Pippi Langstrumpf. Und dann soll er seine Mischung, seine Version, seinen Modus finden.

Auf Immobilienjagd in London

»Das geht ja gar nicht!«, kommentiert Hilly fachkundig den vollen Wassereimer, der in »ihrem« Zimmer (meinem Arbeitszimmer) steht. Sie ist gerade erst vom Flughafen bei uns angekommen und steht noch mit ihrem Koffer in der Hand im Zimmer.

»Hömma, Lucie, wir gehen jetzt gleich mal auf Wohnungssuche. Für den Schotter, den ihr hier zahlt, wird es ja wohl irgendwo noch eine schöne trockene Bude geben! Also wirklich – mit was du dich hier zufriedengibst!«

Wahrscheinlich hat sie recht. Meine Lust auf einen weiteren Umzug ist nur leider nicht größer als ein Wassertropfen. Wir haben mittlerweile einen laut dröhnenden Dehydrator im Arbeitszimmer stehen, der die Luftfeuchtigkeit verringern soll. Und meine neuen Duftkerzen vertreiben den Rest vom nassen, alten Schaf. Aber Hil-

März

ly nimmt das Zepter in die Hand und ruft zur Jagd auf Wohnungen in London auf.

»Oh, sieh mal«, sagt sie und zeigt mir auf dem Bildschirm ihres Laptops gleich eine sehr schöne Wohnung, nur fünf Straßen (in die richtige Richtung) von uns entfernt.

»Und so günstig! Die kostet ja nur 2500 Pfund! Das ist doch viel weniger, als ihr hier zahlt!«

»Das ist pro Woche, Hase!«, antworte ich, und sie verstummt betroffen. Marc lacht sich schlapp.

Aber trotzdem surfen wir weiter und finden ein paar Wohnungen, die gar nicht uninteressant sind. Man lernt eine Stadt auch besser kennen, wenn man sie sich von einem Immobilienmakler zeigen lässt. Das hatte ich ja mit unserer Onlinebuchung versäumt. Aber so was lässt sich nachholen.

Unser Makler heißt Gregory und hat die Aufgabe übernommen, uns zwei Tage lang die heißesten Anwärter für einen erneuten Umzug zu zeigen. Gregory ist Anfang dreißig, trägt einen nicht besonders gut sitzenden grauen Anzug und farblich nicht zu definierende Schuhe, die auch nicht wirklich zu passen scheinen; darüber einen Trenchcoat und eine Frisur, als ob er gerade aufgestanden sei und noch kurz die Finger in die Steckdose gesteckt habe.

»Warum sind Sie auf der Suche nach etwas Neuem?«, fragt er uns, und als wir von der unfreiwilligen Dusche im Gästezimmer erzählen, nickt er und antwortet sehr trocken: »That is not very convenient.« Nein, da hat er recht, das ist wirklich nicht sehr angenehm, für nichts und niemanden.

Die erste Wohnung, die er uns zeigt, hat eine tolle Lage, nahe dem Park und der Tube-Station. Aber ihr Innenleben ist das einer absoluten Bruchbude, hässliche Möbel, die nicht zusammenpassen. Es herrscht *horror vacui* vom Feinsten, die Angst vor leeren Flächen, denn jeder Millimeter ist ausgenutzt, aber von Gemütlichkeit und Charme keine Spur.

»Nein«, sagen wir einstimmig, »das ist nicht das, was wir suchen«. Gregory nickt ein stummes, aber verständnisvolles ›Einen Versuch war es wert, aber es muss Besseres geben‹.

Wir besichtigen noch fünf weitere Wohnungen und drei kleine Häuschen. Ein Objekt ist schlimmer als das andere, und interessanterweise sehen wir überall Wasserschäden. »Ja, das ist echt ein großes Problem in der Stadt!«, sagt Gregory, als ob er von der normalsten Sache der Welt spräche, »es regnet hier einfach sehr viel.« Ich bin mir nicht so sicher, ob es ausschließlich am Regen liegt. Es soll ja auch Dächer geben, die gut abgedichtet sind und deshalb den Regen abhalten können.

Auf dem Weg zur letzten Wohnung fragt uns Gregory: »Der Wohnungsmarkt in Deutschland ist anders, oder? Ich habe gehört, dass man in Deutschland seine Küchen sogar selbst einbaut oder bei Ein-und Auszug mitnimmt! Stimmt das?«

Wir nicken.

»Das ist ja verrückt!«, antwortet er, »das ist ja ein riesiger Aufwand, wenn man dann nach sechs Monaten wieder auszieht!«

Ja, aber das ist der springende Punkt: Wer zieht denn in Deutschland alle sechs Monate um? Vielleicht verlässt man mal ein WG-Zimmer nach ein paar Monaten, aber eine Wohnung? Die Fluktuation ist in London exponentiell höher.

Hier werden Jahresverträge mit der beidseitigen Kündigungsoption von sechs Monaten abgeschlossen. Möbliert kann man Wohnungen auch nur für ein paar Monate mieten. Und für Geld bekommt man sowieso alles. Wirklich alles. Grüne Wasserhähne in Schwanenform mit pinken Swarowski-Steinen? Kein Problem. Ach, doch lieber Ente als Schwan? Kein Thema. Den Möglichkeiten sind mit dem nötigen Kleingeld keine Grenzen gesetzt.

Die letzte Wohnung, die wir besichtigen, ist ein absoluter Traum! »Soooo hatten wir uns das doch immer vorgestellt!!«, quietscht Hilly, und ich stimme zu.

Wir stehen in einer Maisonettewohnung; vom Schnitt her ist sie fast identisch mit unserer jetzigen. Hinter dem Haus liegt ein Privatpark, der nur von den Bewohnern der angrenzenden Häuser genutzt wird. Und der Park ist von so unglaublicher Schönheit inklusive Kinderspielplatz, dass es einem den Atem raubt. Die Küche ist neu und in Taubenblau gestrichen, die Schlafzimmer und Bäder sind ebenfalls so geschmackvoll, dass Hilly und ich eigentlich gar nicht wieder gehen wollen. Wir sehen uns schon auf der Dachterrasse grillen und im Schatten der Bäume liegen.

»Wo sind denn die Möbel?«, fragt Hilly, »Die sollte doch möbliert sein!«

»Ja, das dachte ich auch, aber die Besitzerin hat es sich anders überlegt. Es werden die zwei Betten bleiben, aber ansonsten ist sie leer«, sagt Gregory, »aber man kann Möbel mieten!« Möbel mieten?

Gregory nickt und gibt uns eine Karte von einem Onlineshop. »Und noch eins: Leider ist die Miete auch ein bisschen höher, als sie zunächst ausgewiesen war.«

Wir machen uns daraufhin in leicht gedämpfter Stimmung auf den Nachhauseweg. Dennoch setzen wir uns hin und arbeiten wie infiziert und unermüdlich weiter. Wir recherchieren, wie viel es kosten würde, Möbel zu mieten oder einen Großeinkauf bei IKEA zu machen. Am Ende steht eine Summe, mit der eine vierköpfige Familie problemlos eine Weltreise antreten könnte.

»Na ja«, ergreift Hilly zögernd das Wort, nachdem wir beide eine lange Pause eingelegt und auf die astronomisch hohe Summe gestarrt hatten, »soooo schlecht ist die Bude hier ja auch nicht. Und irgendwann wird es ja auch wieder aufhören zu regnen.«

Ich nicke. »Von dem Schotter, den dieser Umzug kosten würde, kann ich auch mindestens acht Paletten Duftkerzen von Chanel kaufen, wenn die welche haben. Dann riecht es hier auch wieder gut.«

»Wie lief es denn heute mit den neuen Wohnungen?«, fragt Marc, als er nach Hause kommt. »Großartig!«, sagen Hilly und ich wie aus einem Mund, »Wir bleiben hier!« Marc wirkt Millisekunden lang irritiert, ist aber schlau genug, jetzt nicht weiter darauf einzusteigen, sondern nur erleichtert zu nicken, zum Kühlschrank zu gehen und sich ein Bier aufzumachen.

Und ja, was soll ich sagen: Wir finden unsere Wohnung jeden Tag ein bisschen großartiger! Ach, was sage ich, sekündlich! Was für ein Glücksgriff. Und das bisschen Wasser ... Wir wollen jetzt mal nicht kleinlich sein.

Wo unsere Wurzeln sind ...

Jede Stadt ist schöner, wenn die Sonne scheint. Aber ich wage mal zu behaupten, dass London im Sonnenschein ganz besonders schön ist.

Die ersten Wochen des Jahres habe ich hauptsächlich Gummistiefel getragen, und ohne Regenschirm habe ich mich nicht aus dem Haus gewagt. Ich bin durch die Straßen gerannt, den Blick fest auf den Boden geheftet, um nicht jede Pfütze mitzunehmen. Ab und zu habe ich mal unter meinem Schirm hervorgelugt und mir die Palmen angesehen, die man anscheinend in einer Mischung aus Zuversicht und Trotz vor so vielen Häusern gepflanzt hat.

»Na, habt ihr auch die Schnauze voll von dem Wetter?«, war immer meine stumme Frage. Und trotzdem war ich heilfroh, dass es wenigstens diese paar Palmen gab. In Berlin ist um diese Jahreszeit kein grünes Blatt zu finden, von einer exotischen Pflanze ganz zu schweigen. Aber der Blick auf Palmen, auch im Regen, konnte mich wenigstens immer für einen winzigen Augenblick aufmuntern.

Aber seit ein paar Tagen ist die April-Sonne da, und das Leben ist auf einmal federleicht. Plötzlich spielt sich alles draußen ab. Am Nachmittag ist der allgemeine Treffpunkt für unsere Kindergartentruppe am Baum auf der großen Wiese mit dem hohen Gras unterhalb des Kensington Palace. Die Gärten und Parks sind hier so sauber und aufgeräumt, als wären es Privatgärten. Wenn in Berlin der Sommer endlich kommt, dann sind der Tiergarten oder das Tempelhofer Feld auch schnell voller Menschen. Abends bleibt nur leider eine Müllhalde zurück.

Irgendjemand aus dem Kindergarten ist immer unter dem großen Baum zu finden. Manchmal sind es fünfzehn Kinder, die durch das hohe Gras laufen und Verstecken und Fangen spielen. Manchmal auch nur fünf Kinder. Ich lerne jetzt erst Mütter kennen, denen ich bisher nur beim morgendlichen Abgeben in der Hektik wortlos zugewunken habe. Das Gefühl der Wintertristesse ist wie weggewischt.

Manchmal lunchen wir gemeinsam mit den Kindern unter dem Baum, und wenn es Zeit ist, nach Hause zu gehen, dann ist Sam dreckig, leer getobt und glücklich.

April

»Die Sonne macht den Unterschied!«, sagt meine amerikanische Freundin Beth, die Mutter von Sams derzeitiger Kindergartenliebe Lilly, während wir an den Baum gelehnt in der Sonne sitzen. »Was war das für ein Albtraum mit zwei kleinen Kindern im Winter nach London zu ziehen. Man kennt niemanden, und man lernt auch praktisch niemanden kennen, weil alle zu Hause sitzen.«

Ich nicke heftig und mache mir innerlich eine Notiz an mich selber: »Nicht mit Kleinkindern im Winter in fremde Städte umziehen! Nicht nur du hast darunter gelitten, Lucie.«

»Ich bin immer mit beiden Kindern in dieses eine Café gegangen, weil die da die *U.S. Weekly* haben«, raunt sie mir zu, »das größte Schundmagazin aus meinem Land. Zu Hause hätte ich den Mist niemals in die Hand genommen, aber hier habe ich mich daran festgeklammert und dachte immer nur ›Wenigstens *ein* Stück Heimat!‹« – und lacht dabei entwaffnend.

»Ich bin immer zur Bäckerei Kamps in die Kensington High U-Bahn-Station gepilgert«, erwidere ich, »da gibt es das gute deutsche Brot, das hier sogar so heißt wie in Deutschland: Dreieck! Und für Sam gab es ein Franzbrötchen, das hier *Fränsbrötken* ausgesprochen wird. Aber wenn man die Aussprache ausblendet und reinbeißt, dann fühlten wir uns sofort wie zu Hause.«

»Ich bin seit sieben Jahren in London, und ich backe jedes Jahr mit meinen Kindern deutsche Weihnachtsplätzchen«, gesteht Sabine, während sie ihre Picknickdecke ausbreitet, »und wir feiern Sankt Martin. Ich bastle mit den Kindern Laternen, und wir gehen leise singend durch die Straßen. Da sind wir dann zwar alleine unterwegs, aber das ist mir vollkommen wurscht.«

Was für eine lustige Vorstellung: Sabine läuft mit ihren drei Mädchen und deren Laternen durch die Straßen, und kein Passant weiß, warum.

»Und ich bringe mir immer eine bestimmte Bodylotion von Penaten aus Deutschland mit. Wenn ich mich damit eincreme, dann fühle ich mich wie zu Hause«, fügt sie noch hinzu.

Es ist ja tatsächlich so. Wenn man im Ausland lebt, dann werden plötzlich Kleinigkeiten zu Wurzelwerk. Es kann ein Geruch sein, eine Speise oder eine Zeitschrift. Es ist wie ein kleiner unsichtbarer Faden, eine Verbindung in die zurückgelassene, bekannte Welt. Als meine Mutter zu Besuch kam, folgte gleich auf unsere Begrüßung die

April

Frage: »Kannst du uns bitte Königsberger Klopse mit Reis kochen?« Wenn ich in Deutschland bin, dann spüre ich diese Wurzeln im Alltag nicht. Sie werden mir erst dann bewusst, wenn sie nicht mehr in vertrautem Boden stecken. Wenn sie sich durch neues Terrain arbeiten müssen auf der Suche nach Halt. Es ist schön zu spüren, dass man mit seinem Herkunftsland verbunden ist. Es ist eine Sehnsucht, die auch mal brennt, aber einen lebendig machen kann, beweglich und neugierig. Es fühlt sich an wie frisch verliebt, man betrachtet das andere voller Wohlwollen.

Es ist ein interessantes Gefühl. Eins, das man auch nur erfährt, wenn man seine Komfortzone verlässt. Es ist ein schönes Gefühl, weil es mir zeigt, dass ich doch tiefer in Deutschland verwurzelt bin, als ich es im Alltag dort spüre.

Good for you, not for me

»Ach, entweder hasse ich London, oder ich bin bis über beide Ohren in London verliebt«, stöhnt meine Freundin Simone, die seit sieben Jahren in London lebt. Ihre Tochter ist jetzt sechs und geht in eine der Londoner Privatschulen, ihr kleiner Sohn Max geht in Sams Kita, allerdings ist er in der Gruppe für die ganz Kleinen. »Zurzeit hasse ich London«, sagt sie etwas niedergeschmettert.

»Was ist denn passiert?«, frage ich.

»Ich war letzte Woche mit den Kindern in Deutschland, und die haben eine Woche lang nur im Garten gespielt. Nur gespielt. Und das fühlte sich so richtig an. Und hier sind wir alle so gestresst. Aber was ist die Alternative? Mein Mann arbeitet hier, und seinen Job gibt es nicht in Deutschland.«

Tja, was soll ich sagen? Ich kann das so gut nachvollziehen.

April

»Erzähle mir, was du so richtig liebst an London«, versuche ich, ihre Laune aufzumuntern, und bete innerlich, dass sie nicht so schlecht gelaunt ist, dass ihr jetzt nichts einfällt.

Sie denkt kurz nach: »Was ich wirklich an London liebe ist, dass ich hier aufgehört habe, Menschen oberflächlich zu beurteilen und in eine Schublade zu stecken. Hier kommt fast jeder aus einem anderen Land, hat mehr Geld oder weniger und übt einen Beruf aus, den es nur hier zu geben scheint. Diese Vielfalt ist so bereichernd, und das hat wirklich meinen Horizont erweitert.«

Ich weiß genau, wovon sie spricht. Dieser Aspekt ist nämlich einer der Hauptgründe, warum ich mich hier so wohlfühle. Hier mischt man sich weniger ein, sei es in Sachen Kindererziehung oder Lebenskonzepte. Vielleicht liegt es wirklich an dieser Vielfalt. Man ist gezwungen, das ewige Bewerten sein zu lassen, weil man damit vermutlich rein zeitlich gar nicht mehr hinterherkommen würde. Aber vor allem funktionieren die vorgefertigten Raster und Schablonen, die man im eigenen Land aus Gewohnheit verwendet, hier einfach nicht mehr. Es ist viel zu kompliziert, all die Spanier, Inder, Briten, Afghanen oder Russen in eine Schublade zu stopfen. Das schaffe sogar ich nicht, als amtierende »Queen of the Schubladen«.

Ich habe dieses Phänomen – ich nenne das mal hochtrabend einen »Paradigmenwechsel« – auch an mir selbst beobachten können, denn ich muss gestehen: Ich bin eine große Klugscheißerin, Bewerterin und Ratschlägerin. Zugegeben, meine Tipps sind meist wirklich sensationell und treffen eigentlich immer auf den Punkt. Ich wünschte mir allerdings oft, ich würde sie auch selbst befolgen.

Seit ich Mutter geworden bin, versuche ich, mich mehr am Riemen zu reißen. Auf jeden Fall, wenn es um die Kinder anderer geht. Zumindest habe ich mir angewöhnt, Dinge höchstens mal zu denken, aber auf gar keinen Fall auszusprechen. Das klappt meistens ganz gut.

Ich habe in Deutschland leider die Erfahrung gemacht, dass wir tatsächlich gerne andere Menschen und ihre Handlungen bewerten und uns der Neid manchmal aus den Ohren tropft. Überhaupt kein Halten scheint es dann zu geben, wenn es um Tipps für die Kinder der anderen geht. Da gibt es vermeintlich gute Ratschläge und vor allem Bewertungen im Sonderangebot.

Mir haben schon wildfremde Mütter, die ich vorher noch nie in meinem Leben gesehen habe, seeehr wertvolle und natürlich nur gut gemeinte Tipps gegeben.

April

»Du, geh mal zur Ergotherapie mit ihm. So groß wie der ist, sollte der doch schon besser laufen können!« Diese Kategorie von Ratschlägen kann ich eigentlich ganz gut ignorieren. Richtig haarig wird es allerdings bei Frontalangriffen, die noch nicht mal schön verpackt werden. »Waaas? Du hast dein Kind nur drei Monate lang gestillt?« Dieser entsetzten Frage folgt eine unangenehme kollektive Stille – in der Regel gibt es ja auch Publikum –, die dann in einen passiv-aggressiven Zusatz mündet: »Tja, hoffentlich kriegt er keine Allergien.«

Rein intellektuell gelingt es mir ganz gut, so etwas weit von mir zu weisen. Als aber Sam mit knapp zwei Jahren mal kurzzeitig eine Eierallergie entwickelte und am ganzen Körper rote Punkte bekam, merkte ich, wie sehr mich das doch beeinflusst hatte. Denn der erste Gedanke, der mir damals durch den Kopf schoss, war: »Ich bin schuld!!!«

Es scheint irgendwie eine Art Freifahrtschein zu geben, wenn es um schlaue Tipps in Sachen Kinder und Kindererziehung geht.

»Was, du gehst zum Homöopathen? Also, ich würde ja …« – wahlweise auch: »Wie bitte, du bist bei einem klassischen Schulmediziner? Also, das ist doch total

Good for you, not for me

überholt ...« – »Bist du sicher, dass du dein Kind nicht verhätschelst? Grenzen ziehen ist so wichtig!« – »Hallo, geht's noch? Zwei Packungen Gummibärchen am Nachmittag?« – »Was? jeden Tag Fernsehen?« – »Wie bitte, du arbeitest Vollzeit? Wer kümmert sich denn dann um dein Kind?«

Die Liste der vorwurfsvollen Fragen und vermeintlich wohlgemeinten Ratschläge ist endlos. Und sosehr es mich vom ersten Tag an befremdet hat, so ganz konnte ich mich davon auch nicht freimachen.

Wie schnell hat man selbst das Urteil parat: »Tja, selbst schuld, wenn man keine Grenzen setzt«, wenn ein Kind sich irgendwo total danebenbenimmt. Viel schwieriger ist es allerdings, in dem Moment mit einem empathischen Blick die Mutter zu unterstützen. Denn mal ganz ehrlich: Schon morgen kann es das eigene Kind sein, das an der Supermarktkasse ausflippt.

In London sind mir diese Ratgeberabsolventen bisher noch nicht begegnet. Vielleicht haben viele denselben Vorsatz wie ich oder denken sich nur ihren Teil, aber ich empfinde es als unglaublich befreiend, dass man mir nicht ständig reinredet. Und um ehrlich zu sein, ist mir das Motiv dahinter fast egal. Das Ergebnis ist Entspannung und größere Gelassenheit.

April

»Weißt du«, fährt Simone fort, »neulich habe ich meine Tochter von einem Playdate abgeholt. Sie war bei einem Mädchen eingeladen, das neu in der Kindergartengruppe ist. Wir fahren also zu ihrem Haus, ach, was sage ich in diesen Palast am Holland Park. Sie haben bestimmt 15 Angestellte aus den Philippinen. Fünfzehn! Es war wie auf einem Wochenmarkt in Manila. Die Mutter musste selbst darüber lachen. Und natürlich habe ich mich gefragt: ›Wozu braucht man denn bitte fünfzehn Angestellte? Ich meine, wie oft kann man sich Schuhe putzen lassen?‹. Aber ich habe es nicht abfällig bewertet. Das wäre in Deutschland anders. Und vor allem *ich* wäre in Deutschland anders.«

Die amerikanische Schauspielerin Amy Poehler hat es in ihrem Buch »Yes, Please« auf den Punkt gebracht: Wir sollten viel öfter sagen »Good for you, not for me« und dann die Klappe halten. Ich kann das nur unterschreiben. Ich bin kurz davor, mir den Spruch als Tattoo auf den Unterarm stechen zulassen, als Erinnerungsstütze. Wobei ich ja mittlerweile quasi geheilt bin vom Klugscheißen. Wirklich. London hat mir die letzten Reste meines Klugscheißersyndroms ausgemerzt. Aber morgen muss ich doch mal mit der Mutter von Chris reden. Die lässt ihr Kind ohne Fahrradhelm scootern. Vielleicht kaufe ich ihr einfach einen …

Monstertrucks und Sockenrebellion

»No, not die gleichen!«, höre ich neuerdings am frühen Morgen, wenn ich Sam die Socken anziehe und sie aus Versehen ein echtes Paar bilden. Sam weigert sich seit Neuestem, identische Socken anzuziehen. Woher das kommt? Ich habe nicht die leiseste Ahnung.

»Ach, darum will Avi jetzt immer zwei verschiedene Socken tragen!«, ruft Avis Mutter Sasha eines Morgens, als wir unsere Jungs im Kindergarten abgeben. »Sam trägt ja auch gemischtes Doppel!«

Keiner der Jungs aus Sams Gang trägt passende Sockenpaare. Bis auf Haruto, den kleinen Japaner. »Ach, er ist einfach zu angepasst!«, seufzt Michiko und rollt mit den Augen. Ich habe keine Ahnung, wer damit angefangen hat, aber es wirkt wie eine kleine Rebellion gegen zu viel Anpassungsdruck. Eine Sockenrebellion! Die ich sehr unterstütze.

»Sehen wir uns heute Nachmittag unterm Baum?«,

Mai

fragt mich Amy, Chris' Mutter, und ich nicke. Chris ist der Jüngste in der Gruppe. Er wird erst im Sommer vier. Er ist noch am meisten Kleinkind, auch wenn er nicht auf den Mund gefallen ist. Chris hat sich mit seinen drei Jahren schon sehr klar positioniert: Er liebt Monstertrucks. Und zwar ausschließlich Monstertrucks. Er scheint mit den Dingern verwachsen zu sein. T-Shirts trägt er nur, wenn sie einen Monstertruckaufdruck haben (als Ausnahmen akzeptiert er auch mal Darth Vader oder Supermanmotive).

Zugegebenermaßen habe ich am Anfang gedacht: »Puh, ein Monstertruck. Wird das nicht langweilig auf Dauer?« Aber Chris hat mich eines Besseren belehrt. Bei ihm zu Hause kommt man kaum durch die Tür, weil die neue, selbst gebastelte Rampe einmal quer durch den Flur reicht. Diese Rampen und Schanzen sind atemberaubende Konstruktionen, die aussehen wie surreale, futuristische Skulpturen. Und Amy ist so schlau, seine kreative Kraft zu unterstützen: »Du hast keine Ahnung Lucie, wie viel Möglichkeiten es gibt und was für Ideen man mit Monstertrucks entwickeln kann!« Ja, das stimmt. Ich hatte wirklich keine Ahnung.

Wenn Chris sich mit anderen Dingen beschäftigen soll, dann zuckt er mit den Schultern, und nach drei Minuten hat man den Eindruck, er ist dem Tiefschlaf näher als dem Lernprozess. Er interessiert sich einfach nicht dafür.

Am Nachmittag treffen wir uns unter unserem Baum. Amy wirkt aufgewühlt. Sie hatte am Tag zuvor ein Gespräch mit den Lehrern. Das wenig originelle Feedback an die Mutter: Chris würde sich nur für Monstertrucks interessieren. Für nichts anderes. Ja, das wussten wir alle auch schon vorher.

»Dagegen müsse etwas unternommen werden«, bekam Amy zu hören. (Nur zur Erinnerung: Chris ist drei Jahre alt. DREI!)

Und dann ging es weiter: Mit Zahlen würde er ja sich nur auseinandersetzen, wenn er seine Monstertrucks zählen dürfe. (Ja klar, alles andere macht ja auch keinen Sinn, oder?) Und auch an Farben sei er nur interessiert, wenn es um die Farben seiner Monstertrucks geht. (Leuchtet mir total ein). Tja, und die Mutter solle jetzt doch bitte die Monstertrucks mal ein bisschen aus dem Rennen nehmen, denn Chris würde ja im September in die Schule kommen, und da müsse jetzt mal richtig angezogen werden.

Mir fällt die Kinnlade runter, als ich neben Amy unter dem Baum stehe und höre, was sie mir da erzählt. Haben die einen Knall? Was für ein Eingriff in die Persönlichkeit! Was für eine Beleidigung! Was für eine Missachtung! Ganz zu schweigen davon, dass ich es unfassbar finde, einen Dreijährigen jetzt schon so einzuorden.

Mai

Wer weiß, was mal aus ihm wird? Vielleicht wird er den Bau von Monstertrucks revolutionieren. Vielleicht wird er dank seiner Rampenbautätigkeit in 20 Jahren das Verkehrschaos von L.A. endlich in den Griff kriegen. Vielleicht wird er den ersten Monstertruck konstruieren, der mit Limonade fährt. Vielleicht hat er mal die schönste Werkstatt der Welt und wird bis ins hohe Alter nur unter der Motorhaube von supercoolen Monstertrucks liegen. Oder er wird Germanistikprofessor auf Menorca oder Krankenpfleger in Bielefeld? What the hell? Solange er dabei lächelt, ist das doch völlig egal.

»Amy«, setze ich an und bin so außer mir, dass ich kaum nach Luft schnappen kann, »Amy, dein Sohn ist der Hammer! Er ist großartig und perfekt, so wie er ist. DIE haben den Knall, nicht er!« Und ich spüre, wie in mir die Erinnerung an mein Lehrergespräch hochkommt. Der große Unterschied ist, dass Amy auf jeden Fall die nächsten fünf Jahre noch in London bleiben wird. Sie kann sich von diesem Regelkorsett nicht so einfach und bald wieder frei machen wie ich.

Und dann sehe ich Chris hinterher, der mit Sam im hohen Gras Fangen spielt, aber kaum laufen kann, weil er so viele Monstertrucks in den Händen hält und seine Hosentaschen mit Monstertrucks vollgestopft sind und diese seine Beinfreiheit blockieren.

»Ich weiß das alles«, seufzt sie. »Ich habe einfach nur Bauchschmerzen, wenn ich an September denke und er in die Schule muss. «

Es ist so absurd: Wir werden immer älter. Die Lebenserwartung liegt in Westeuropa durchschnittlich bei 80 Jahren, aber trotzdem versuchen wir fast panisch, möglichst viel in die ersten Jahre unserer Kinder zu drücken, zu quetschen, zu pressen. Wahrscheinlich, damit unsere Kinder dann mehr Zeit haben, ihren bereits vorprogrammierten Burn-out zu verarbeiten.

Es sind Momente wie diese, in denen ich denke: »Bin ich froh, dass ich nicht das leidige Schulthema in England an der Backe habe. Im Gegensatz dazu ist man in Deutschland ja meilenweit voraus.«

Wer hätte gedacht, dass ich das mal denken oder sogar schreiben würde.

Adam – ein Papa unter vielen Mamas

In London bringen, ähnlich wie in Berlin, meistens die Mütter ihre Kinder in den Kindergarten. Bei der Abholung ist das Geschlechterverhältnis dann noch eklatanter: Mütter oder Nannys. Bis auf einen Vater! Adam. Ein Unikat auf dem weiblich dominierten Terrain.

Er bringt und holt fast immer seine Tochter Isabella ab, denn seine Frau Karen arbeitet in Vollzeit, und Adam übernimmt den Kinderalltag. Das ist ja schon in Berlin eher die Ausnahme, aber in London, vor allem in Kensington, eine absolute Rarität. Er wird von den meisten behandelt, als sei er ein Superstar oder der Papst. Oder beides.

Adam schlendert morgens gerne mit Kissenabdruck im Gesicht und seiner sehr süßen blonden Tochter zum Kindergarten, und wenn er sie abholt, dann ist er der Ruhepol in dieser sehr dominanten, schnatternden weiblichen Energie. Isabella geht nur montags den ganzen Tag in den Kindergarten. An allen anderen Tagen wird sie schon um 12 Uhr von ihrem Papa abgeholt.

Das bedeutet, Adam verbringt viel Zeit mit seiner Tochter unter dem Baum in Kensington Gardens, und er gehört mit zu meinen liebsten Gesprächspartnern.

»Wir sind jetzt seit zwei Jahren in London«, sagt er, »und ich versuche wirklich, hier Botschafter für mein Land Amerika zu sein. Ich weiß, wir genießen nicht immer den besten Ruf. Vor allem wenn wir auf Reisen sind. Wenn jemand laut nach Eiswürfeln brüllt, dann ist es in 99,9 Prozent der Fälle ein Amerikaner. Ich weiß auch nicht, was es mit dieser Eiswürfelmanie auf sich hat. Als ich mit zwölf Jahren das erste Mal im Sommer in Europa in Urlaub war, da fragten mich meine Freunde entsetzt: ›Wir haben gehört, dass die da drüben keine Eiswürfel haben!‹ Ich meine, geht's noch? Als ob man nach Europa reist wegen der Eiswürfel. Und die Frage, wo denn dieses Europa sei und ob die da schon Waschmaschinen hätten, blieb mir natürlich auch nicht erspart.«

Adam wirkt ein bisschen wie ein Fels in der Londoner Brandung. Er lässt sich nicht irre machen. Einzig und allein bei den Nebenkosten, die man in London hat, flippen wir beide regelmäßig gemeinsam aus.

»15 000 Pfund Schulgeld für eine Fünfjährige! Haben die einen Knall? Isabella ist fünf! Wenn sie 18 wäre und aufs College gehen würde, meinetwegen, aber mit *fünf?!*«

Es ist tatsächlich zum Verrücktwerden. An den handverlesenen, guten staatlichen Schulen bekommt man nur mit unglaublich viel Glück einen Platz. Eine besonders beliebte Schule nimmt zum Beispiel nur Kinder im Einzugsbereich von wenigen Kilometern an. Nachdem es früher oft vorkam, dass sich die Eltern für die Anmeldung ihrer Kinder kurzfristig in eine kleine Bude in unmittelbarer Nachbarschaft der Schule eingemietet haben, werden jetzt nur noch Anmeldungen von Eltern akzeptiert, die nachweisen können, dass sie dort auch wirklich Wohnungseigentümer sind. »Boah, ist das diskriminierend! Normale Mieter müssen ihre Kinder woanders zur Schule schicken, oder wie?«, sagt Raffaella, als ich ihr davon berichte. Ja klar, ist es diskriminierend. Hier sind die gesellschaftlichen Klassenunterschiede noch schön sauber zementiert.

Jimmy, Sams schwedischer Freund, muss seit einem Jahr sonntags immer in die Sonntagsschule der Kirche, weil sich die Eltern dadurch einen Platz in der Schule erhoffen, die an die Kirche angeschlossen ist und einen großartigen Ruf genießt. Besonders religiös ist in der Familie allerdings keiner. Aber Jimmys Mutter zuckt nur mit den Schultern: »Tja, was man halt alles tut ...«

Wenn man bei diesem dämlichen Roulette nicht mitmachen muss und weiß, dass man wieder weggeht, dann kann man darüber nur milde lächeln. Aber würden wir länger hierbleiben, dann würde ich jetzt wahrscheinlich auch auf Wohnungssuche in direkter Nachbarschaft zur Kirche gehen und vermutlich sogar den Grundbucheintrag fälschen lassen.

»Man redet ständig über das Thema Schule. Mit allen und jedem! Dieses Thema ist omnipräsent: Wohin geht dein Kind jetzt? Wie viele Stunden? Wie viele Kurse? Wo habt ihr euch schon überall beworben, wer kennt wen? Wer kann wo helfen?«, fährt Adam fort.

Ich muss lachen. Ja, stimmt. Ich habe mich selten so viel über Schule unterhalten. Und das obwohl es noch gar nicht Thema ist.

»Warum bleibt Isabella nur einen Nachmittag im Kindergarten?«, frage ich Adam dann.
»Du kannst dir nicht vorstellen, was bei uns zu Hause los war, als sie die ersten Nachmittage dort verbracht

hatte. Sie war völlig überdreht, latent hysterisch und schlief erst gegen 22 Uhr total übermüdet ein. Ab Mittwoch hatte sie sich dann erholt, und es ging wieder. Wir waren kurz davor, den Montagnachmittag wieder zu canceln, aber dann fing sie an, Spaß zu haben. Aber mehr als einen Nachmittag geht wirklich nicht.«

Es mag sich vielleicht komisch anhören, aber das beruhigt mich. Es beruhigt mich, dass nicht nur mein Sohn den Nachmittagsblues bekommen hat, sondern auch Isabella, die eine viel größere Rampensau ist als Sam. Man kommt ja gar nicht umhin, sich in so einem Umfeld zu fragen, ob vielleicht etwas mit dem eigenen Kind nicht stimmt. Viel zu oft habe ich mich dabei ertappt, wie mir Gedanken durch den Kopf schossen wie »Aber andere schaffen das doch auch« oder »Kann der nicht einfach funktionieren«.

Wenn der Kindergarten kleine Aufführungen für die Eltern veranstaltet, dann ist Isabelle diejenige, die ganz vorne steht, am allerlautesten singt und sich selbst noch eine kleine Choreografie ausgedacht hat, die sie schnell in einer Pause zwischen zwei Liedern zum Besten gibt. Aber sogar ihr ist dieses Programm manchmal zu viel. Wahrscheinlich weil nicht sie sich den Takt, den Umfang und den Zeitpunkt aussuchen kann. Ich kenne das sehr gut von mir selbst: Meistens ist es gar nicht der Arbeitsaufwand der mich so ermüdet, es ist der innere Widerstand, der mich erschöpft wenn der Zeitplan zu eng ist.

»Weißt du, was hier in London total fehlt?«, sagt Adam bei einem unserer Baumgespräche. »Babysitter im Teenageralter! In Amerika gibt es ja eine richtige Babysitter-Kultur. Damit finanziert man sich sein neues Fahrrad, seinen ersten Urlaub oder bessert ein bisschen sein Taschengeld auf.«

Tatsächlich sieht man im Straßenbild kaum Teenager. Es ist fast so, als befände sich diese Altersgruppe auf permanenter Klassenfahrt. Die These unserer südafrikanischen Freundin Estelle zu dem mysteriösen Teenagerschwund in London lautet: »Spätestens wenn die Kinder zwölf werden, dann hat man die Schnauze voll von London. Es gibt kaum gute Schulen, in den innerstädtischen Schulen wird deutlich mehr geprüft als außerhalb, der Druck steigt, und die Leute ziehen raus aus der Stadt.«

Tja, vielleicht hat sie recht mit ihrer Beobachtung. Auf jeden Fall ist es in unserer Gegend nicht zu übersehen, dass diese Altersgruppe komplett fehlt. Ausnahmen bilden die Teenager von Touristen, aber die erkennt man meist fünfzig Meter gegen den Wind.

»Ich vermisse meine Buddys«, beklagt sich Adam weiter. »Da Karen arbeitet und ich hier der *lone wolf* unter den Müttern bin, habe ich einfach kaum Kontakt zu anderen Männern oder gar Vätern. Das ist eine interessante, aber doch auch schmerzhafte Erfahrung. Karen wiederum vermisst total den Austausch mit anderen Müttern. Die meisten Mütter kennt sie kaum oder nur von ein paar Kindergeburtstagen. Da gibt es nur wenige Überschneidungen im Alltag.«

Das Problem ist universell. Und auch in London nicht anders als in Berlin. Die Kinderbetreuung ist immer noch fest in Mütterhänden, und wenn es Mann mal für sich umdreht, dann merkt er, wie festgefahren dieses Muster ist. Adam lässt sich davon zum Glück nicht aus der Ruhe bringen. Er ist auch auf dem Gebiet unerschütterlich.

Kindergeburtstage

Dass Eltern nach abgefeierten Kindergeburtstagen meistens psychologische Betreuung und einen Wellnessurlaub nötig hätten, ist nix Neues. Kindergeburtstage sind unfassbar anstrengend und nervenaufreibend, und ich kann mich nicht ganz dem Gefühl entziehen, dass sie auch immer komplizierter werden.

Ich erinnere mich noch gut daran, dass es früher Kuchen, Sackhüpfen und Topfschlagen gab und wir das rasend fanden. RASEND! Heute liegt die Messlatte wesentlich höher. Es muss schon ein richtiges Programm her wie ein Tag im Sealife-Aquarium oder ein Besuch im Kindertheater, und beim Befüllen der Give-away-Tüten sind Gummibärchen und kleine Dinoaufkleber nur die Aufwärmübungen.

London hat mir allerdings gezeigt, dass da in Deutschland noch viel Luft nach oben ist. Den überdrehten Kindergeburtstag-Hysterie-Himmel haben wir noch lange nicht erreicht!

Als Avis Geburtstag im Mai ansteht, ist Sasha bereits eine Woche vor dem großen Tag am Rande eines saftigen Nervenzusammenbruchs – Pedro Almodovar hätte seine reine Freude an ihrem Zustand. Sie IST Körper gewordener Stress: Oberkante Unterlippe!

»Es ist doch nur ein Geburtstag«, versuche ich sie zu beruhigen, aber sie winkt hektisch ab.

»Lucie, du hast gut reden. Avi wünscht sich einen Skylander-Kuchen, und außerdem kommen ja so viele Eltern, und denen will ich doch auch etwas bieten!«

Wie bitte? Skylander-Kuchen und Elternteilnahme? »Ja, das sind so bescheuerte Spielfiguren, aber Avi will die unbedingt haben. Und natürlich sind auch die Eltern immer mit eingeladen!«

Ich ahne Schlimmstes. »Marc, Planänderung!«, sage ich am Abend zu ihm. »Wir haben leider doch nicht den Nachmittag frei, wenn Sam auf Avis Geburtstag geht. Bei dem Kindergeburtstag gibt es Elternanwesenheitspflicht. Und du kommst mit!« Marc nickt nur und weiß nicht so genau, ob er Angst haben oder sich freuen sollte. Ersteres ist vermutlich angebrachter.

Als wir Sonntagnachmittag bei Avi ankommen, ist die Wohnungstür kaum noch passierbar, so voll ist das Apartment bereits. Sasha hat das Wohnzimmer liebevoll für die Kinder dekoriert. Lauter kleine Tische mit kleinen Bänken. Es gibt Tischdecken mit den Skylander-Motiven und dazu die passenden Pappbecher und Teller. Etwa ein Dutzend Kinder sitzen an den Tischen. Viele kennen wir aus dem Kindergarten. Die Zimmerdecke ist gefüllt mit großen Luftballons. Aber nicht irgendwelche Luftballons, von der Decke grinsen uns nämlich Superman, der Hulk, Spiderman und natürlich die Skylander an.

Eine kleine Fläche ist für den Kinderentertainer reserviert, der sich gerade noch schnell die rote Nase und einen lustigen Hut aufsetzt, bevor er die Musik aufdreht und wie ein Animateur im Club Med in die Hände klatscht: »Ooooooookay, lets get started!« Er ist etwa Mitte zwanzig, und wenn man sich seine Augenringe ansieht, dann hat er es in der vergangenen Nacht wohl ordentlich krachen lassen.

Den Eltern ist der großzügige Eingangsbereich zugedacht. Hier ist es schon pickepackevoll, wie auf einer WG-Einweihungsparty. Sasha hat Cracker und Gemüsesticks vorbereitet. Es gibt Prosecco, Bier und natürlich sämtliche Softgetränke, die das Herz begehrt. Was für ein Aufwand!

Ich quetsche mich zu Sasha in die Küche. Dort thront auf dem Küchenbüfett eine dreistöckige Schokoladentorte, die mit mindestens acht Skylander-Figuren dekoriert ist. Ich rechne im Kopf schnell mal hoch, was alleine die

Deko der Torte gekostet hat. Eine Figur kostet zwischen 15 und 20 Pfund ... mal acht sind das ...Krass! Sasha gibt der Torte gerade noch den letzten Schliff.

»Hast du die etwa selbst gebacken?« Ist eine rhetorische Frage. Ich kenne die Antwort. Sasha ist eine sensationelle Bäckerin. Sie backt auf Bestellung professionell Torten und Leckereien für Geburtstage und andere Events. Letzte Woche erst thronte ein riesiger Football-Kuchen in ihrer Küche, den eine Mutter für den Geburtstag ihres Sohnes bestellt hatte.

»Ja«, sagt sie, »eigentlich wollte ich die Skylander-Figuren aus Marzipan machen. Aber das habe ich nicht mehr geschafft.«

Ich sehe sie entgeistert an: »Sasha, du bist verrückt! VERRÜCKT!«

»Ich weiß«, stimmt sie mir zu und platziert liebevoll die letzte sauhässliche Skylander-Figur auf der braunen Glasur.

»Diese riesige Party. Und die vielen Eltern«, stottere ich vollkommen überfordert. Den letzten Teil des Satzes muss ich fast brüllen, denn der Animateur hat einen Gang höher geschaltet, und jetzt bebt die ganze Wohnung von den Beats seiner Musik.

»Ich weiß, ich bin total irre!«, brüllt Sasha zurück, und dann geht sie lachend aus der Küche. Ach, ich liebe Menschen, die sich ihrer Spleens so bewusst sind und sie trotzdem mit voller Ergebenheit ausleben.

Der Entertainer gibt richtig Vollgas. Die Tische wurden in der Zwischenzeit weggeräumt, es werden Spiele gespielt, die er lautstark moderiert. Die Kinder finden es großartig und juchzen und klatschen im Takt. Bis auf Sam. Der steht neben mir und verabschiedet sich inklusive eines großen Stück Kuchens in Avis Spielzimmer mit der trockenen Bemerkung: »Ein bisschen loud, Mama.«

Marc ist mit den anderen Vätern verständlicherweise schon beim zweiten Bier, Sam bald beim dritten Stück Kuchen, und ich geselle mich zu Desiree, einer Mutter aus dem Kindergarten. Sie gehört zu den Menschen, die einen umwerfend cleveren Humor besitzen. Jeder Satz ist ein Treffer. Desiree ist indischer Abstammung, aber schon in dritter Generation Londonerin. Sie ist unfassbar schön mit ihren dicken schwarzen Haaren. Ihr jüngster Sohn geht auch in Sams Gruppe.
»This is quite something«, versuche ich *as British as possible* meinen Schock zu verbergen. Desiree nippt am Prosecco.
»Oh, this is nothing!«, winkt sie ab. »Meine Tochter geht in diese crazy Schule, und da geht es dann erst so richtig ab.« Ich sehe sie erwartungsvoll an.

Mai

»Letzte Woche war sie zu einem Geburtstag eingeladen. Da trugen alle Kinder Pappschilder um den Hals mit der Info, was sie essen dürfen und was nicht: koscher, kein Schweinefleisch, Nussallergie, Erdbeerallergie. Da hatte man den Eindruck, man läuft durch ein Versuchslabor. Und der Aufwand für das Essen war der reinste Horror. Alles auf dem Büfett war mit Schildern versehen, auf denen die Zutaten standen – wie auf einem Lebensmittelkongress.«

Mir gefriert das Blut in den Adern. Das sind tatsächlich völlig neue Dimensionen, wenn du auf die religiösen Essgewohnheiten UND die Nahrungsunverträglichkeiten eingehen musst. Ich habe sowieso das Gefühl, dass hier überproportional viele Kinder allergische Reaktionen auf Nahrungsmittel haben. Man darf auch in den Kindergarten aus Sicherheitsgründen keine Nüsse mitbringen. Das Thema »Allergien« ist so omnipräsent, dass Sam mich neulich zuversichtlich fragte: »Welche Allagih habe ich denn, Mama?«

»Keine«, antwortete ich und setze schnell noch ein »tut mir leid, mein Schatz« hinterher, als ich in sein enttäuschtes Gesicht sah.

Der Wahnsinn tobt im Wohnzimmer, und wir Eltern betrinken uns. Aber Schlag 18 Uhr ist alles vorbei. Wie bei Aschenputtel – nur eben nicht um Mitternacht! So hat es ja auch auf der Einladung gestanden. Einen Wimperschlag lang bin ich irritiert, dass sich tatsächlich alle an die Zeitvorgabe halten. Auch der Kinder-Entertainer verabschiedet sich pünktlich, allerdings nicht, ohne vorher noch seine Visitenkarten an alle Eltern zu verteilen. Er sieht mitgenommen aus. Kindergeburtstag mit Kater kann man auch nur mit Mitte zwanzig überleben.

Wie auf ein unhörbares Signal hin packen alle Eltern ihre Kinder ein. Sasha steht angesichts der gelungenen Party sichtlich erleichtert an der Tür und verteilt die *Goodie Bags* für die Kinder. Ich werfe einen Blick in die Tüte. »Sasha, wir gehen mit mehr Geschenken nach Hause, als wir gekommen sind!« Sie lacht entwaffnend und mit der Gewissheit, dass es mir garantiert nicht anders gehen würde. Sam bekommt von ihr zusätzlich noch einen Spiderman-Luftballon in die Hand gedrückt. »Habe ich extra für dich gekauft«, flüstert sie ihm zu, »weil du doch so ein Spiderman-Fan bist!« Wir schlendern erschöpft durch die Kensington Gardens nach Hause, die jetzt im Mai so wahnsinnig sattgrün sind! »Was für eine Staatsaffäre!«, sagt Marc.

Ich stimme ihm zu. Sam rennt mit seinem Luftballon vor und muss hüpfend, boxend, jubelnd seinen unübersehbaren Zuckerschock abbauen.

Mai

»Aber dass alle um Punkt 18 Uhr gehen, finde ich großartig«, sage ich. »Nicht wie bei uns in Deutschland, wo man irgendwann das Gefühl hat, dass man unhöflich werden muss, weil die Eltern sich beim Abholen festtrinken, und man eigentlich nur noch ins Bett will. Das müssen wir übernehmen, wenn wir wieder in Berlin sind.«

Marc nickt, dann hält er inne und schaut auf Sam. Der steht ein paar Schritte von uns entfernt und rülpst laut und zwar in einer Tonlage, die nichts Gutes verheißt. Sein Gesicht wird grün, und sein Mund verzieht sich. Als würde ein englischer Butler am Rande seiner Möglichkeiten angekommen sein, stöhnt er formvollendet: »Mama, I need to kotz!« Drei Stück Kuchen, acht Hände voller Chips und Gummibären und wer weiß was noch fordern ihren Tribut.

Am nächsten Tag erzähle ich Mary von dem Geburtstag. »Oh, Kindergeburtstage laufen hier völlig aus dem Ruder«, nickt sie. »Die Ärztin, bei der ich nebenbei noch jobbe, hat eine Tochter, die nächste Woche drei wird. Die haben ernsthaft 300 Gäste eingeladen, und ich musste die verfluchte Location dafür finden. Und das Programm an dem Tag ... Ich sage nur Ponys und Zuckerwattestand.«

Ich starre sie mit offenem Mund an. Und bin sehr erleichtert, dass Sam erst Ende November wieder Geburtstag hat und wir dann mit ziemlicher Sicherheit schon wieder in Berlin sind. Ansonsten würde ich jetzt sofort – in dieser Sekunde – vor lauter Anspannung Amok laufen.

Who am I?

Anders sein in einem anderen Land

Man geht zum Bäcker seines Vertrauens, man hat sein Lieblingscafé, man geht ins »Stammrestaurant« um die Ecke. Man trifft sich mit seinen Freunden, der Arbeitskollege hat Geburtstag, die Tochter von Freunden wird zwei. Kurz: Man hat einen Alltag und bewegt sich fast schon im Trott.

In London hingegen hatten wir nichts davon. Gar nichts. Wir kannten zuerst so gut wie niemanden. Es gab keine Pläne, die von außen auf uns zukamen, sondern nur Pläne, die wir selbst schmiedeten. Es ist praktisch unmöglich, dabei keinen Perspektivwechsel zu vollziehen.

Marc und ich gehen in unserer Londoner Zeit einmal in der Woche alleine aus. Nur wir beide. Wir probieren ein neues Restaurant, gehen ab und zu ins Theater oder entdecken die Stadt in unserem Takt. Und auf einmal sit-

Mai

zen wir uns gegenüber und sehen uns mit ganz anderen Augen an. Weil wir eben nicht beim Stammitaliener sind und mit dem Pizzabäcker Hassan – der eigentlich Ägypter ist, aber auch als Italiener durchgeht – die Standardunterhaltung führen.

Man entkommt der Mühle. Das ist wie Wellness für die eingetretenen Hirnpfade. Das ist wie eine Beziehungskur, weil man sich neu betrachtet. Und auch wenn der Alltag voller Termine und Arbeit ist, vielleicht sogar noch voller als in Berlin, diese Abende zu zweit sind unendlich kostbar.

Und so wie Michiko ihr Kind in London ganz anders behandelt als in ihrer Heimat, so nehme auch ich Sam anders wahr. Weil ich anfange, ihn durch die Brille der anderen zu sehen. Sam ist Frageweltmeister. Und zwar in just der Sekunde, in der er die Augen aufschlägt. Ich habe oft den Eindruck, dass meine Ohren vor lauter Fragen schon vor dem ersten Kaffee bluten.

Ende Mai bin ich mit ihm im Telefonladen, um mein Handy reparieren zu lassen. Sam fragt dem armen Verkäufer unentwegt Löcher in den Bauch. Ohne Punkt und Komma. Mir ist das schon enorm peinlich. Ich versuche, ihn ein bisschen zu bremsen, und ich schreibe es der britischen Höflichkeit zu, dass wir nicht schon längst aus dem Laden geschmissen wurden. Aber ich liege wie so oft völlig falsch. Der Mitarbeiter lächelt mich an und sagt im Brustton der Überzeugung: »Sie haben einen so neugierigen Sohn! Wie toll! Ich hoffe, er verliert das nie!«

Ähnliche Situationen wie diese habe ich diverse Male mit Sam in Deutschland erlebt, und in den meisten Fällen waren die Befragten ähnlich genervt wie ich.

Aber nachdem mir hier in London mehrfach versichert wurde, wie sehr man seine Wissbegierde bewundert, habe ich meine Mamabrille mal geputzt. Mir blutet zwar immer noch relativ oft das Ohr, und ich sage ihm trotzdem noch ab und zu: »Biiiiitteeeee, ich brauche gerade mal eine Pause.« Aber ich sage es mittlerweile nett, mit einem »luv« oder »darling« hintendran und schnauze ihn nicht mehr an. Also, nicht mehr so oft.

Ich bin dafür, dass man ein weltweites Familien-Austauschprogramm einführen sollte. Nicht nur so ein Austauschjahr in der 11. Klasse nach Idaho, Mexiko oder Roskilde. Nein, ein Jahr mit der ganzen Familie in ein anderes Land ziehen. Der Horizont bricht auf, und entweder reicht man schneller und überzeugter die Scheidung ein, oder man verliebt sich aufs Neue, und wenn nicht in den eigenen Mann, dann doch in ein anderes Land, eine andere Stadt, eine andere Kultur. Auf jeden Fall bewegt man sich.

Amy – an American Mummy

»Was eine typische amerikanische Mutter für mich ausmacht?«, fragt mich Amy, die Mutter von Sams Freund Chris, und antwortet lachend: »Wir sind overachiever!« – Streberinnen.

»Keiner kann sich so nervtötend einbringen wie wir, wenn es um Kindergarten- oder Schulaktivitäten geht! Amerikanische Mütter definieren sich über ihre Kinder«, erklärt sie mir. »Darum mag ich es ja so in London! Hier stiehlt mir keiner die Show! Hier habe ich meine glorreichsten Zeiten als konkurrenzlose Vollstreberin – my glory time in the UK«, lacht sie weiter.

Amy war eine der Ersten, die mich kurz nach unserer Ankunft in London ohne Scheu ansprach. Sie war diejenige, die mir schon an Tag fünf zurief: »Kommt doch mal vorbei! Wir langweilen uns!«

Sie sprach beziehungsweise schrieb auch meine allererste Einladung zu einem Playdate aus. Und zwar ganze drei Wochen im Voraus.

»Einladung für Mittwoch, den soundsovielten um 15:30 Uhr. Ich habe Prosecco, Käse und Oliven für uns und Snacks & Getränke für die Kinder.«

Ich weiß noch genau, wie ich mit einem großen Fragezeichen im Gesicht vor meinem Laptop saß und hochmütig dachte: »O Gott, diese überkandidelten Amerikaner!«

Sam und ich hatten noch nie so eine Einladung zum Spielen erhalten. Vor allem mit so einem Vorlauf. Und entsprechendem Aufwand mit Prosecco und Oliven. Tatsächlich war der Nachmittag nicht nur ausgesprochen gemütlich und sehr unterhaltsam, sondern vor allem die Idee sensationell, sich langsam zu betrinken und Oliven zu naschen, während die Kinder glücklich mit Chris' Monstertrucks spielten. »Was bin ich für eine spaßfreie, arrogante und voreingenommene Kuh«, ging mir damals durch den Kopf, als ich mich leicht angetüddelt mit einem glücklichen Sam auf den Nachhauseweg machte.

»Manchmal fühle ich mich hier mit Menschen verbunden, nur weil sie den gleichen Pass haben wie ich. In Amerika hätte ich nichts mit ihnen zu tun«, gesteht Amy. »Neulich zum Beispiel, da war ich bei einem Open-Air-Konzert

Mai

und musste auf die Toilette. In der Schlange vor mir stand eine Frau, die ich schon von Weitem als Amerikanerin identifiziert hatte: Cowboyhut, Dolly-Buster-Titten und mit Schmuck behangen wie ein Weihnachtsbaum. Und dann redete sie natürlich viel zu laut und sagte in breitestem amerikanischem Akzent: ›Oh, this is brilliant!‹ Das ist ein Satz, den nur Briten so verwenden. Und ich musste so lachen. Sie sah mich an, und ich sagte nur: ›I am American, too‹, und schon hatten wir eine Verbindung.«

Das geht mir manchmal mit deutschen Touristen auf der Straße so. Neulich ging eine Familie vor mir her, und die Art und Weise, wie sie es taten, mit dieser ganz typisch deutschen Ungelenkigkeit, war mir sofort vertraut. Unsere Sprache hört sich wie eine Dinosauriersprache an im Vergleich zu der Leichtfüßigkeit der englischen Sprachmelodie. Und doch gab es sofort eine unsichtbare Verbindung und ein Gefühl der Vertrautheit.

»Aus der Ferne sehe ich mein Land mit anderen Augen«, fährt Amy fort. »Es ist ein gesunder Perspektivwechsel. Ich weiß plötzlich unsere Offenheit und dieses ›Aufeinanderzugehen‹ zu schätzen. Ich bin nun mal so groß geworden, ich kenne es gar nicht anders. Aber hier in London habe ich erfahren, dass das keineswegs selbstverständlich ist. Allerdings bekümmern mich auch Dinge in meinem

Herkunftsland. Jeder kann Waffen im Supermarkt kaufen? Ist das wirklich eine Gesellschaft, in der ich mein Kind großziehen will? Horizonterweiterung kann auch wirklich anstrengend sein. Ach, am liebsten möchte ich noch eine Weile diese zwei Wohnsitze haben und zwischen den Welten wandeln. Dann kann man sich das Beste aus jeder dieser Welten herauspicken.«

Ja, so geht es mir auch. Deutschland für immer zu verlassen fühlt sich komisch an, aber für immer nur in Deutschland zu leben mindestens genauso.

Ein Hoch auf die Briten

»Excuse me! Excuse me! Excuse me!«, ruft Sam und rennt (wie immer) mit erhobenem Zeigefinger hinter einem Hundebesitzer und seinen beiden Golden Retrievern her, bis der sich endlich umdreht. Dann setzt er sein charmantestes Kinderlächeln auf und fragt: »Can I pet your dogs, please?« (dazu bitte den britischen Singsang vorstellen).

Egal wie oft und heftig ich hier über das Bildungssystem schimpfe, eins beherrschen die Engländer wirklich grandios: den Kindern die Kunst des Small Talks beizubringen und sie zu ermutigen, aus sich herauszugehen. Sam war schon immer eher Labertasche als scheues Reh, aber seitdem wir hier sind, hat er seine Skills auf dem Gebiet perfektioniert. Wie man am Beispiel mit dem Hundebesitzer sehen kann.

Als der Mann nickt und verwundert antwortet: »Yes, you may! You are such a professional asker!«, streckt Sam vorbildlich seine Hand aus, damit die Hunde ihn erst einmal beschnuppern können. Der Besitzer ist begeistert und nickt mir lächelnd zu. Ich stehe etwas abseits und beobachte die Szene.

Während Sam die Hunde streichelt, legt er so richtig los: »These are lovely dogs!«, setzt er an und fragt dann weiter: »What is their name?« Der Besitzer ist perplex und antwortet gar nicht. Das spornt Sam nur weiter an. »And how old are they?« Der Besitzer nickt mir anerkennend zu und antwortet Sam. Ich habe mich bereits weggedreht, weil ich so lachen muss. Da sitzt diese vierjährige Rotznase mit seinem Superhero-T-Shirt und seinen kurzen Sommerhosen mit dreckigen Knien, spricht astreines Englisch und benimmt sich, als hätte er den Masterkurs in der königlichen Benimmschule belegt. Auch der Engländer ist verblüfft.

Mit halbem Ohr höre ich Sam weiterplaudern, während er die Hunde streichelt: »It is a little cloudy today, but I don't think it will rain.«

Bei dem Satz beiße ich mir auf die Lippe, um nicht schallend zu lachend. Von Sams Seite fallen noch weitere Sätze: »I like dogs and horses. Do you like horses, too?« Und zum Abschied »Bye bye you lovely dogs! See you soon!«, bevor er den Hunden und ihrem Herrchen zuwinkt und sich verabschiedet.

Der Mann bleibt noch eine Weile wie angewurzelt stehen, bevor er mir zuruft: »I am impressed. He really knows how to make conversation!«

Ja, ich bin auch highly beeindruckt. Und highly begeistert. Erst vor Kurzem habe ich herausgefunden, woher er einen Teil seines beeindruckenden Small-Talk-Repertoires hat.

Eines Morgens kommen wir etwas zu spät in den Kindergarten, und seine Gruppe sitzt schon vor einer kleinen Stellwand beisammen. Auf dieser ist eine Art Wetterkarte befestigt, auf der man alle möglichen Wetterzustände von stürmisch über leicht bewölkt bis sonnenklar erkennen kann. Und während wir uns leise hereinschleichen, höre ich, wie Miss Amanda die Kinder nach dem Wetter befragt.

»Haruto«, fordert sie Sams japanischen Freund auf, während sie mit dem Zeigestock auf die Wetterkarte zeigt. Und Haruto antwortet stolz: »A little cloudy with a slight chance of rain!«

»Sehr gut«, lobt Miss Amanda. Und dann geht es weiter mit »Slightly overcast«, »constant rain«, »a thunderbolt«, »hazy« oder »brisk wind«.

Ich bin ganz baff. Und um ehrlich zu sein auch total neidisch. Am liebsten hätte ich mich sofort dazugesetzt. Ich hatte ja keine Ahnung, wie viele unterschiedliche Vokabeln einem zur Verfügung stehen, um sich über das Wetter zu unterhalten. Das ist »Fräulein Smilla« auf Commonwealth oder so. Hier werden gerade völlig ungeahnte Höhen des Wetter-Small-Talks erklommen. Und wenn man etwas in England können muss, dann ist das, übers Wetter zu plaudern. Das ist quasi das Vorspiel zu jeder Konversation. Überhaupt ist Sams Englisch, wenn es zur dieser Art von Small Talk kommt, erstaunlich ausgereift und nahezu perfekt, wenn man an sein Denglish denkt, das er sonst so spricht. Aber die Small-Talk-Kurse belegt er ja auch mit großem Eifer – Übung macht den Meister!

Was den Small-Talk-Feinschliff zusätzlich abrundet, ist das sogenannte »Show & Tell«, das immer freitags im Kindergarten stattfindet. Jedes Kind darf ein Lieblingsspielzeug, -buch oder -kuscheltier mitbringen, das beim Ankommen in ein großes Netz gelegt wird. Nachdem die Eltern gegangen sind, sitzen die Kinder im Kreis zusammen, und jeder darf sich der Reihe nach ein Spielzeug aus dem Netz aussuchen. Wenn der Besitzer des Spielzeugs ausfindig gemacht wurde, dann wird er mit Fragen gelöchert: Woher hast du das? Was machst du damit? Mit wem spielst du am liebsten? Wohin hast du es schon mitgenommen?

Mai

Ich finde, das ist eine grandiose Methode, um das Fragen zu erlernen, aber auch das Antworten. Und ganz nebenbei legt man seine Scheu ab, vor einer kleinen Gruppe von anderen kleinen Menschen zu stehen und zu sprechen. Am Anfang grummelte Sam immer, wenn Freitag war. Mittlerweile wird bereits ab Dienstag beratschlagt, was er am Freitag mitbringen möchte.

Die anderen Small-Talk-Workshops belegt Sam bei Mary. Mary ist durch und durch Engländerin. Das heißt einerseits, dass es ihr manchmal schwerfällt, geradeheraus »Nein« zu sagen, weil das ja unhöflich sein könnte. Es gibt Momente, da muss man ihr eine klare Antwort beinahe aus der Nase ziehen. Aber es bedeutet auch, dass sie Sam ganz nebenbei und mit unglaublich viel Humor die englischen Umgangsformen beibringt. Die ganze Art, wie er Tierbesitzer liebevoll stalkt und einmal sogar einem Tierarzt gleich die wichtigsten Daten zu seinem letzten vierbeinigen Patienten abfragte, hat er von ihr gelernt. Manchmal höre ich sogar ihre Intonation, während er den Hunden zuflüstert, wie hübsch und brav sie sind.

Was für ein Plus! Was für ein Gewinn, wenn man als Kind im Vorbeigehen Werkzeuge für die leichte Konversation erlernen kann. Wie oft habe ich in Deutschland auf irgendwelchen Empfängen herumgestanden, neben mir einen stoffeligen Typen, der kaum die Zähne auseinanderbekommen hat und auf die Eiswürfel in seinem Cocktail stierte. Und auch mir ging dann relativ schnell das Gesprächsthema aus, denn mir fehlten einfach die Vokabeln für beispielsweise eine ausgiebige Wetterkonversation.

Oder die ersten Referate vor der Klasse. Das grenzte ja schon fast an Kindesmisshandlung. Völlig ungeübt hat man in den nicht vorhandenen Bart genuschelt und gebetet, dass es möglichst schnell vorübergeht.

Ich hoffe, dass Sam sich das erhält. Den britischen Humor scheint er schon ein bisschen übernommen zu haben. Neulich hole ich unsere (ehemals) weiße Wäsche aus der Waschmaschine, die jetzt dank eines blauen Buntstiftes in zartem Himmelblau erstrahlt. Als ich Sam frage, ob er eine Ahnung habe, wie denn der Buntstift da reingekommen sei, zuckt er mit den Achseln, um kurz darauf ganz trocken zu antworten: »Das war die Putzfrau! Vielleisht dachte sie, das is ein T-Shirt?« Ach, um den muss man sich keine Sorgen machen.

Brauchen Kinder Tiere?

Sam hängt uns mit seinem Haustierwunsch in den Ohren, seit er der Sprache mächtig ist. Aber hier in London hat die Intensität des Ganzen spürbar zugenommen. Was wahrscheinlich auch daran liegt, dass hier sehr viele Leute Tiere besitzen, meistens Hunde. Jeden Morgen planen wir für den Weg zum Kindergarten mittlerweile 20 Minuten zusätzlich ein, weil er ja alle Hunde streicheln muss, ein kleiner Small Talk mit dem Besitzer oder der Besitzerin inklusive. Wir begegnen allerdings auch unzähligen professionellen Dogwalkern, denn Hundesitter ist hier keine Freizeitbeschäftigung von Teenagern, sondern ein Fulltimejob. Ach, was sage ich: Da hat sich in London eine eigene Dienstleistungsindustrie entwickelt. Theoretisch muss man mit seinem eigenen Hund gar keinen nennenswerten Kontakt haben. Lediglich die vielen Leistungen wie Dogwalker, Friseure, Hundehotels, Hundemassagen usw. müssen bezahlt werden.

Brauchen Kinder Tiere?

»Sam, wir können kein Haustier haben«, wiederhole ich zum hundertsten Mal an einem wunderschönen und sonnenklaren Junimorgen auf dem Weg zum Kindergarten. »Wir sind doch ständig unterwegs. Und erinnerst du dich noch an unser Aquariumdrama?«

Er sieht mich mit großen Augen an: »Nein. Kannsu mal erzähle?«

»Wirklich nicht?«, hake ich nach und bin erstaunt, warum sich dieses Erlebnis nicht tief in seine Erinnerung gebrannt hatte. Aber in seinem Alter sind ein paar Monate etwas ganz anderes als für uns Alte. Und so erzähle ich ihm auf dem Weg zum Kindergarten von dem tragikomischen Fischdrama, an dem er nicht ganz unbeteiligt war:

Vergangenen Oktober, also kurz vor unserer Entscheidung, nach London zu ziehen, hole ich Sam von der Kita ab, und er ist bester Laune: »Mama, ich habe Awarum shenkt bekomme!!« Was ist denn ein »Awarum«? »Aquarium«, verbessert mich Oskar, der Praktikant in unserer Berliner Kita. »Sam sagte, dass ihr euch eins kaufen wollt, und da ich eins habe, das ich dringend verschenken will, könnt ihr sehr gern meins haben.«

Das ist ja ganz reizend. Dass wir eins kaufen wollten, ist mir allerdings neu (und Marc bestimmt auch, er findet Fische, außer auf seinem Teller, völlig idiotisch), aber Sam und Oskar, der Praktikant, sind geradezu euphorisch.

Juni

»Mein Praktikum ist in zwei Wochen vorbei, und dann fahre ich für drei Monate nach Indien. Ich hatte schon Sorgen, was ich mit meinen Fischen machen soll, aber euch gebe ich sie echt gerne. Es sind übrigens Raubfische.«

Auweia, Sam quietscht vor Freude: »Has du auch Waraan?«, fragt er Oskar. Der verneint zum Glück. Aber was soll ich machen? Ich bin heute zu fertig und schaffe es nicht, das »Awarum«-Geschenk abzulehnen. Ich muss es Marc nur irgendwie unterjubeln. Oder ich überlasse diese Aufgabe Sam.

Am darauffolgenden Wochenende kommt Oskar mit Aquarium und allem Drum und Dran vorbei. Er baut es in Sams Zimmer auf. Marc habe ich das Ganze als »wichtigen Schritt in Sams Entwicklung zum verantwortungsbewussten Menschen« verkauft. Seine Antwort war niederschmetternd entlarvend: »Aha, du konntest ihm also den Wunsch nicht abschlagen. Solange du das Aquarium sauber machst, ist mir das wurscht.« Verflucht. Den Teil hatte ich gar nicht auf dem Schirm.

Das Aquarium ist in Sams Zimmer aufgebaut, die Pumpe gluckert fröhlich vor sich hin. Hübsch sieht es ja schon aus auf dem Tischchen neben dem Bücherregal. Sam ist völlig aus dem Häuschen. Er hängt vor der Glasscheibe und tauft die Fische: »Lou, Jessaja, Lance, Mimi ….« Am liebsten würde er alle paar Minuten das stinkende Fischfutter reinwerfen. »Die habe so Hunga, Mama.« Ich bin gespannt, wie lange der Enthusiasmus anhält. Oder wie lange die Fische mit Sam als Betreuer überleben.

»Oskar«, sage ich, »wenn du nach deiner Reise wieder da bist und wir noch keine Freundschaft mit den Fischen geschlossen haben, haben wir dann ein Rückgaberecht?« Oskar druckst rum: »Na ja, also das können wir dann ja noch mal besprechen, aber eigentlich bin ich ganz froh, dass ich so ein schönes Zuhause für sie gefunden habe.«
　Na, super.

Mein Bruder Valentin hat sich für den Nachmittag angekündigt. Am Telefon ist auch er völlig begeistert von dem Aquarium: »Das ist ja super! Ich hätte früher auch so gerne eins gehabt.« Das war mir ebenfalls neu.

Als er am Nachmittag kommt, hat er ein Mitbringsel dabei: Eine Tüte voller Guppys. Für meinen Geschmack hätte es auch Kuchen getan. Marc grinst nur: »Der Wahnsinn liegt in der Familie …«, Sam ist natürlich begeistert: »Oh, süße Babyfishes.«

Juni

Die zehn Guppys dürfen sofort einziehen. Ich mache uns erst mal einen Kaffee. Plötzlich höre ich Sam fast hysterisch schreien. Wir stürzen in den Flur, Sam kommt uns völlig aufgelöst entgegen: »Mama, große Fische habe Babys esst!«

Und tatsächlich. Es sind nur noch sechs der Guppys am Leben. »Das sind ja auch Raubfische, ihr Vollhonks«, stellt Marc trocken fest, während Valentin fieberhaft versucht, mit dem Kescher die verbleibenden Guppys zu retten und in Sams Becher mit Apfelsaftschorle umzusiedeln.

Nach der Rettungsaktion stellt Valentin fest: »Ihr braucht zwei Aquarien: eins für die Raubfische, eins für die Guppys.« – »Das kannst du aber kaufen«, schnauze ich ihn an. Dieses ganze Aquariumthema läuft ja völlig aus dem Ruder.

Valentin fährt gleich los und kommt 45 Minuten später mit einem zweiten Aquarium zurück. Sam »hilft« beim Aufbauen, und anderthalb Stunden später ziehen die Guppys in ihr neues Zuhause. Ich fasse es nicht, jetzt haben wir nicht eins, sondern ZWEI Aquarien. Und ich wollte ja eigentlich noch nicht mal eins. »Na, das läuft ja richtig gut«, schmunzelt Marc, »mit zwei Aquarien wird Sam jetzt ja noch verantwortungsbewusster. Das ist ja kaum zum Aushalten.« Ich würde ihm am liebsten gegen das Schienbein treten.

Die Neuigkeiten haben sich schnell herumgesprochen, und schon klingelt es an der Tür. Luis, Sams Nachbarsfreund steht mit seiner Mama vor der Tür: »Ihr habt ein Aquarium, haben wir gehört.« – »Zwei«, erwidert Marc und kann sich ein Lachen nicht verkneifen, »und Lucie hat endlich ihren Traumjob gefunden – Aquarien putzen.«

Sam und Luis werden vor den Aquarien geparkt, und wir gehen alle in die Küche zum Kaffeetrinken. Es dauert keine fünfzehn Minuten, und es ertönt ein lauter Knall aus Sams Zimmer und dann lautes Geschrei. Marc, Valentin, Luis' Mama und ich spurten in Richtung Kinderzimmer. Da stehen zwei kleine Jungs mit Tüchern über dem Kopf in einer etwa achtzig Liter fassenden Wasserlache, umgeben von hüpfenden, um ihr Leben kämpfenden Guppys und heulen sich die Augen aus. Zum Glück ist das Aquarium sauber in zwei Teile zerbrochen. Splitterverletzungen kann man also ausschließen.

»Was ist passiert???«, schreie ich, während Valentin und Marc versuchen, mit bloßen Händen und dem Kescher die armen Fische zu retten. »Luis und ich habe Spenst schpielt und dann Bumm demacht.« – »Also, zwei kleine

Juni

Gespenster haben das Aquarium umgehauen«, übersetzt Luis' Mutter, während wir hektisch Decken und Handtücher auf den Boden schmeißen, damit unsere Nachbarn nicht gleich bei sich im Wohnzimmer duschen können.

Eine Stunde später sitzen wir alle in der Küche. Der Boden in Sams Zimmer ist jetzt mal ordentlich gewischt worden, von den sechs Guppys haben nur vier überlebt (zwei landeten aus Versehen wieder bei den Raubfischen und mussten ihre kurzfristige Rettung mit dem Leben bezahlen). Die vier Überlebenden schwimmen jetzt in der Salatschüssel, und ich habe Valentin dazu verdonnert, sie gleich wieder mitzunehmen: »Du hast dir doch immer Fische gewünscht. Jetzt hast du welche.«

Und während Sam und Luis zum hundertsten Mal versichern, dass sie »auch ni wisse«, wie das passieren konnte, schreibe ich dem Kitapraktikanten eine SMS: »Deine Fische haben jetzt schon Heimweh. Drei Monate halten sie nicht durch. Entweder du nimmst sie mit nach Indien, oder ich setze sie in der Spree aus, dann können sie schon mal vorschwimmen.«

Kurz vor Ende meiner Anekdote kommen wir am Londoner Kindergarten an. Sam hat mit großen Augen und Ohren zugehört und schnappt jetzt vor lauter Aufregung nach Luft: »Mama, I want gar keine Fishlis, ish want doch nur eine dog!«

Ich will mir gar nicht ausmalen, was uns mit »nur einem Hund« passieren würde, wenn ich an die Sache mit den Fischen denke.

»Wir reden später drüber«, vertröste ich ihn und schiebe ihn in den Kindergarten. Aber ehrlich gestanden, so ganz kann ich mich von dem Wunsch nach einem Haustier auch nicht freimachen. Vielleicht probieren wir es ja doch noch … mit einem Meerschweinchen? Oder einem Hamster? Ich muss mal mit Marc reden. Auf jeden Fall ein Tier, das man nicht auch essen würde!

Marisa und Sabine – noch mehr Mütter, noch mehr Perspektiven

»Ich habe gar keine Erfahrung damit, in Deutschland Mutter zu sein«, sagt Marisa eines Nachmittags, »meine große Tochter und die Drillinge sind in Barcelona geboren worden. Darum kenne ich den sozialen Druck in Sachen Kindererziehung auch nicht, von dem ihr immer erzählt. Wahrscheinlich, weil die Spanier mich nicht hinterfragt haben und sich dachten: ›Ach, die ist Deutsche, die macht das halt so!‹«

Ja, richtig gelesen: DRILLINGE!! Und nur damit ihr die Frage aus dem Kopf streichen könnt: Da wurde nicht herumgebastelt, nur das getan, was man üblicherweise tut, wenn man Kinder möchte.

Ich sitze mit Marisa und Sabine unter unserem Baum in Kensington Gardens. Die großen Kinder spielen »Räuber und Gendarm«, und die Drillinge schlafen in ihrem Kinderwagen, sonst könnte Marisa hier nicht so entspannt sitzen und mit mir quatschen.

»Aber man gleicht sich automatisch an die Gepflogenheiten des Land an, in dem man lebt. Das passiert einfach. In Spanien sind die Kinder bis Mitternacht draußen und spielen. Das hat natürlich mit dem Wetter zu tun. In den ersten Wochen in London habe ich mich abends oft bei dem Gedanken ertappt: ›Wo sind bloß die ganzen Kinder?‹ Aber dann! Neulich erst rutschte mir der Satz: ›Wieso ist das denn noch nicht im Bett?‹ heraus, als ich um 21 Uhr ein Kind draußen herumlaufen sah.«

Tja, wir sind doch in erster Linie Herdentiere und gewöhnen uns an alles.

»Ich spiele immer wieder mit dem Gedanken, nach Deutschland zurückzugehen«, sagt Sabine plötzlich. »Ich surfe manchmal auf Immoscout und anderen Seiten herum, und wenn ich sehe, was man für sein Geld in Deutschland bekommt, dann will ich sofort umziehen. Wir zahlen uns hier dumm und dusselig und überhaupt dreht sich hier immer alles ums Geld. Weil alles so teuer ist. Aber dann bin ich in Deutschland zu Besuch und denke wieder: »Mist, ist das eng. Will ich das überhaupt?«

Es ist interessant, dass so viele diesen emotionalen – oder nennen wir ihn ein bisschen pseudowissenschaftlich »kulturadaptiven« – Spagat vollführen. Vor allem seit sie Kinder haben. Wenn man sich in London verliebt, dann verliebt man sich mit Haut und Haaren. Dann ist es schwer loszukommen. Diese Stadt ist mit keiner anderen zu vergleichen. Ich bin oft und lange in New York gewesen, aber gegen London wirkt New York klein und fast provinziell. London hat eine jahrhundertealte Geschichte, die ganze Welt ist hier zu Hause, es ist eine Finanzmetropole. Und: Sie haben die Queen. Es ist diese Mischung, die die Stadt so besonders macht.

Marisa ist zur Hälfte Äthiopierin und sieht aus wie eine bildschöne bronzene Gazelle. Ich habe keine Ahnung, wie sie es geschafft hat, mit ihrem schmalen Körper die Drillingsschwangerschaft bis zur 36. Woche auszuhalten. (»Naja, Lucie, ab der 32. Woche konnte ich mich auch nicht mehr bewegen!«) Sie ist in Freiburg geboren und aufgewachsen und war natürlich mit ihrer mokkabraunen Haut eine echte Exotin in der Gegend.

Es muss unglaublich öde sein, wenn man immer und immer wieder auf seine Hautfarbe reduziert wird. Und wenn man dieses Hindernis erst mal aus dem Weg räumen muss, bevor man überhaupt ein normales Gespräch anfangen kann. Als Marisa nach ihrem Studium in Düsseldorf zu arbeiten anfing, saß sie einmal in einem Meeting, erzählt sie. Ein neuer Mitarbeiter setzte sich neben sie und fing an, sehr laut und überdeutlich mit ihr zu reden: »Verstehen du Deutsch?«

Ihre Antwort war Ausdruck von Erfahrung und Selbstbewusstsein: »Ey, Alter, ich bin in Freiburg geboren und weder taub noch bescheuert. Kannst du mal bitte ordentlich Deutsch sprechen? Oder woher kommst du?«

Super reagiert, wie ich finde, aber will man so was in seinem Alltag? Hier in London ist sie mit ihrem Aussehen eine von vielen. Nichts Besonderes, nicht wirklich erwähnenswert. Das entspannt. Wir haben das in Deutschland nicht gelernt. Wir leben diesen Mischmasch nicht seit Jahrzehnten oder Jahrhunderten. Bei uns ist der Gemüsehändler vielleicht Türke, und mit dem radebrecht man dann über Salat und Gemüse oder eben nicht, weil auch er seit zwei Generationen in Berlin lebt und Icke-Akzent hat. Den Italienern gehören die Eisbuden und Pizzerien seit Jahrzehnten, und sie klauen uns die Weltmeisterschaft. Den Griechen gehört der Athena-Grill um die Ecke. Und dann gibt es noch ein paar Asiaten, aber die mag man, weil »die ja so sauber sind«. Und dann wird es schon eng. Ja, in Berlin gibt es natürlich auch viele Schweden und Dänen, die uns die Wohnungen wegkaufen, und der Stadtteil Charlottenburg wird »Charlottengrad« genannt, weil dort so viele Russen wohnen. Ab und zu hat sich mal ein Franzose bei uns ums Eck verlaufen, aber das sind ja auch die »guten Ausländer«, die mit Stil. Die hat man ja gern. Ach, und Amerikaner natürlich auch. Die machen ja eh alles besser als wir. Und trotzdem: Aus der Ferne betrachtet sind wir ein unglaublich enges, verschlossenes und vernageltes Land.

»Ohne Kinder wäre es für mich selbstverständlich, dass ich hier wohnen bleiben will«, sagt Sabine. »Aber seit Daisy in die Schule geht, beschäftigt mich diese Frage sehr.«

Ach, da ist es wieder. Das Schulthema. Dieses verfluchte Thema, das hier so einen immensen Raum einnimmt.

Sabine hat drei Kinder. Ihre zweite Tochter, Florence, geht mit Sam in eine Gruppe. Sie ist die beste Freundin von Siri, Marisas ältester Tochter. Die Kleinste bleibt noch zu Hause.
»Daisy hat jetzt das erste Jahr hinter sich, und das war grauenhaft. Sie ist einfach noch viel zu jung. Sie hat in der Schule funktioniert und zu Hause geweint. Nur geweint und nicht mehr gelacht. Ich habe immer das Gefühl, hier sollen die nächsten Investmentbanker herangezogen werden. Und erst neulich ging sie mit ihrer besten Freundin vor mir im Park und wusste ihr zu berichten: »Miss Sue

hat gesagt, das zweite Jahr wird richtig stressig! Da müssen wir uns noch viel mehr anstrengen.« Und ich dachte nur: »Will ich wirklich, dass meine sechsjährige Tochter so redet und durchs Leben gehen muss?«

Nein, das will ich nicht. Das will wohl keiner. »Ich habe jetzt einen Platz an der deutschen Schule ergattert«, sagt Sabine, »aber die ist in Richmond. Das ist eine Stunde Fahrzeit von uns entfernt. Das heißt, wir müssen umziehen, und wir müssen unser schönes kleines Dorf Kensington verlassen. Und dann hänge ich zwischen lauter Deutschen Expats fest. Deswegen wohne ich ja nicht in London. Ach, ich bin so hin- und hergerissen.«

»Siri geht total gerne in den Kindergarten«, kann Marisa berichten. »Sie hat auch mit dem Ganztags-Slot überhaupt kein Problem. Und als ich neulich beim Tag der offenen Tür einer Schule war, da hat sie sich sofort die Uniform angezogen und gesagt, dass sie hierbleiben will. Ich bin gespannt, wie es wird. Im Moment läuft es für uns alle gut. Aber klar denke ich manchmal, was ist, wenn es den Kindern nicht mehr gut geht in diesem System?«

Tja, einen Schritt nach dem anderen.
»Wenn man Kinder bekommt, dann hat man eine Verantwortung, die viel größer ist als man selbst und die

einem manchmal über den Kopf wächst«, hat Simone gesagt – und recht hat sie.

»Wegen der Kinder haben wir das so oder so oder so entschieden.« Ich konnte diesen Spruch früher nie so ganz nachvollziehen. Aber ich fange langsam an, seine immense Tragweite zu verstehen.

Meine U7 oder: Die Mutterolympiade

Der Satz »Lasst euch doch von anderen Müttern nicht so unter Druck setzen« ist so schnell gesagt wie man den zweiten Cappuccino bestellt. »Wir sind doch auch ohne Förderkurse groß geworden!« Das wäre dann die Belgische Waffel dazu.

Als Außenstehender ist sowieso jedes Problem vermeintlich kinderleicht zu bewältigen. Es gibt keinen Druck, kein Prestige, kein Soll.

Auch ich bin nicht immer frei davon, auch mir rutscht das eine oder andere Mal ein innerliches »Selbst schuld!« heraus. Aber dann denke ich an all die Momente, in denen ich schon in diesem Leistungskarussell saß und der Betreiber schon Feierabend gemacht hatte, ohne den Motor abzustellen! »Was, er kann noch nicht krabbeln?«, oder: »Die Synapsen verbinden sich endgültig mit zwei Jahren, danach ist praktisch Schluss im Bus!« Hier folgt ein sehr ehrlicher Moment:

Juni/November

Vor meiner U7, ein Jahr vor unserem Londonabenteuer war ich richtig nervös. Viel nervöser als vor den vorherigen Untersuchungen. Mich hatte die Ehrgeizlaus gebissen. Ich wollte Fleißkärtchen gewinnen und gelobt werden. Nur zur Erinnerung: Die U7 steht an, wenn die Kinder etwa drei Jahre alt sind.

Mir gingen bedeutende Fragen durch den Kopf: »Was soll ich anziehen? Ist 17 Uhr eine gute Zeit für eine U7? Nicht dass Sam dann zu müde ist und rumnörgelt. Ein renitentes Kind, das plärrt und sich verweigert, wirft ja kein gutes Licht auf die Mutter.

Ich gehe also extra früh schlafen, damit die Augenringe nicht ganz so dunkel sind. Am Morgen entscheide ich mich für Jeans, hochhackige Stiefel und eine Hemdbluse. Stylish, aber nicht überkandidelt und gleichzeitig pragmatisch genug, um als Mutter gut abzuschneiden. Ein frisches Tages-Make-up lässt mich geradezu entspannt wirken. Aber auch nicht zu tiefenentspannt, denn wenn man gar nicht gestresst wirkt, dann gerät man ja leicht in den Verdacht, sich als Mutter nicht genug ins Zeug zu werfen. Entspannte Mütter? Wo gibt's denn so was?

Um 15 Uhr hole ich Sam von der Kita ab und merke gleich: Der ist jetzt schon so k. o., um fünf Uhr nachmittags kann ich dem gerade noch Pasta und Fischstäbchen reinschieben. Lustige Türmchen baut der dann auf keinen Fall mehr. Auch nicht mit seiner Lieblingskinderärztin Frau Dr. Rosenstein.

Ich entscheide mich, einfach direkt zur Praxis zu gehen und so zu tun, als ob ich mich in der Uhrzeit vertan hätte. Ich kann unmöglich den Termin verschieben, nachdem ich ihn zweimal vergessen habe und einmal wegen Fieber absagen musste.

Ich habe Schwein. Eine andere Mutter hatte wohl einen schlechten Tag und hat ihren Termin verbaselt. Wir setzen uns ins Wartezimmer. Ich merke, wie die Nervosität in mir zunimmt: Kribbeln im Magen und schweißnasse Hände wie vor einer Matheklausur. Wenn man mich hier so sieht, dann könnte man wirklich vermuten, es ginge um mein Abitur und ein angeschlossenes Stipendium. Ich versuche, Sam schon mal auf das bevorstehende Großereignis vorzubereiten:

»Sam, Frau Dr. Rosenstein wird jetzt gleich mit dir spielen und dich einmal durchchecken. O. k.? Das wird ganz lustig.«

»Was isse lustig, Mama?«

Was weiß ich?? Dass Dreijährige aber auch immer alles so wörtlich nehmen müssen. Keine Floskel geht einfach mehr so durch:

»Na, mit Doktor Rosenstein zu spielen.«

Sam antwortet nicht und wühlt in der Legokiste: »Will in Zimma mit Dinosaurier.«

Zimmer mit Dinosaurier? Was meint er? Ich versuche, es durch geschicktes Nachfragen herauszufinden. Ich will ihm alles recht machen, nur damit dass hier glattgeht. Nicht dass nachher in dem Heft steht: »Untersuchung bitte in sechs Monaten wiederholen.«

Ich denke fieberhaft nach. Dinosaurier …? Sam wiederholt jetzt wie ein Mantra: »Wille Zimma mit Dinosaurier«, während mir bald der Schweiß den Rücken herunterläuft. »Habe da pielt mit Dino«, ergänzt er endlich. Ach so! Ja, eins der Zimmer hat eine Spielzeugschublade mit einem Dinosaurier! An was diese Zwerge sich immer alles erinnern.

Ich gehe gleich zur Rezeption: »Das Zimmer mit der Spielzeugschublade, in dem der Dinosaurier ist, können wir da heute auch wieder rein?« Große ungläubige

Augen schauen mich an: »Frau Marshall, wovon reden Sie?« Ich fange an, eine Erklärung zu stottern, da werden wir von Frau Dr. Rosenstein unterbrochen: »Familie Marshall, bitte!« Sam rennt vor, ich bete, dass wir das Dinozimmer kriegen. Wir haben Glück. Der U7-Gott ist mit uns.

Frau Doktor legt gleich los: »So, wir müssen uns leider sehr beeilen. Der spätere Termin wäre entspannter gewesen.« »Tut mir leid, ich habe das TOTAL verwechselt«, lüge ich, ohne rot zu werden, während ich denke: Mist, Zeitdruck ist bei Sam nie eine gute Voraussetzung.

Sam hat zum Glück den Dino gefunden, die Ärztin holt kleine Bauklötze raus und legt vier davon im Quadrat zusammen: »So, Sam, dann bauen wir mal einen Parkplatz.« Sie holt ein kleines Auto raus und stellt es auf die Bauklötze. »Kannst du das auch?«, fragt sie und gibt ihm vier einzelne Klötze.

O. k., denke ich, das müsste klappen. Sam nimmt die Steine und schiebt schnell drei Klötze zusammen. Beim vierten zögert er.

Na los, jetzt schieb den doch endlich oben dran, denke ich ungehalten, nach außen hin sitze ich mit gefrorenem Lächeln neben ihm. Er setzt den Baustein an die falsche Ecke, ich will schon eingreifen, aber er nimmt einfach noch zwei dazu, baut ein Rechteck und stellt das Auto drauf.

»Think big«, entfährt es mir, und ich klatsche in die Hände, als ob Sam gerade beim *Super Bowl* einen Touchdown erzielt hätte.

Die Ärztin lächelt, zu schwach finde ich. Vielleicht sogar etwas gezwungen? Okay, ich muss mich zusammenreißen, ich will es mir ja nicht mit ihr verscherzen. Die nächsten zwei Bauten (Brücke und Straße) absolviert Sam makellos.

Als Nächstes holt sie einen Stapel Bilder hervor und zeigt sie ihm nacheinander. Zunächst einen Fisch. »Weißt du, was das ist, Sam?« Ich spüre, wie meine Lippen ohne mein Zutun das Wort »Fisch« formen. Zum Glück ertappt mich die Ärztin nicht beim Soufflierversuch.

»Das isse eine Fish. Kann nicht laufen, kann nur swimmen inne Wassa.« Ich könnte juchzen vor Freude. Das ist doch viel mehr als verlangt! Das gibt bestimmt Extrapunkte.

Auch bei der Katze ist Sam bestens vorbereitet: »Das isse eine Katze. Cat. (Hallo? Zweisprachig!) Cat kann nicht swimmen. Habe keine Füße, habe paws.« (Noch ein englisches Wort!) Ich bin im siebten Himmel. Ich hätte es nicht besser machen können.

Meine Wangen glühen vor Stolz, mein Herz hüpft vor Freude. Sam erzählt zu jedem Bild ungefragt eine Geschichte, und ich versuche, vor Stolz nicht hysterisch zu lachen. Der körperliche Check ist auch o. k. Was soll man sagen: Ich habe alles richtig gemacht!

Ich habe einen extrem fantasievollen, wahrscheinlich sogar hochbegabten Sohn. Gut, das wird wahrscheinlich in der Schule nachher etwas anstrengend. Hochbegabte langweilen sich ja immer so schnell. Wahrscheinlich muss er dann extra Nachmittagsprogramme absolvieren. Schwierig wird es natürlich, wenn er eine Klasse überspringen muss. Wegen der Freundschaften und so. Aber gut, bis dahin fällt mir schon noch etwas ein.

Wir sind mit allem durch. Bisher hat sich die Ärztin noch nicht so richtig geäußert. Ein Lob wäre jetzt ja wohl mehr als angebracht. Während ich Sam anziehe, frage ich ganz beiläufig: »Alles o. k.?« Sie nickt, aber auch nicht überschwänglich und sagt dann ganz nüchtern: »Jaja, dass er noch so etwas verwaschen redet, ist normal in dem Alter.

Das muss sich im nächsten Jahr nur ändern. Verstehen die Erzieher in der Kita ihn denn?«

WIE BITTE? Bodenlose Entrüstung steigt in mir auf. Hat sie etwa seine fantasievollen Geschichten gar nicht verstanden? »Also, da versteht ihn jeder«, erwidere ich schnippisch. Sie kritzelt etwas ins Untersuchungsheft, übergibt es mir und verabschiedet sich geistesabwesend. Ich bin konsterniert. Wo ist jetzt mein Orden? Der Blumenstrauß für besondere Mutterleistungen? Das Konfetti und die Fanfaren? Kriege ich noch nicht mal ein Kompliment für mein gutes Aussehen? Als wir aus dem Behandlungszimmer raus sind, schlage ich das Heft auf. Als Kommentar lese ich: »Altersgerechte Entwicklung. Alles okay.« Ich bin bestürzt.

Ich ziehe Sam schnell an, und wir trotten nach Hause. Auf dem Weg kommen wir an dem kleinen Laden vorbei, der diese coole graue Handtasche mit den Nieten im Schaufenster stehen hat. Ich wehre mich schon seit Wochen dagegen. Aber jetzt gebe ich auf. Ich finde, die habe ich mir heute wirklich verdient.

Und wenn ich an diese Geschichte denke, dann werde ich ganz leise und halte meine kleinen Steinchen gut fest. Denn ich höre die Scheiben des Glashauses klirren, in dem ich sitze.

Drillinge am Nachmittag

»Geht ihr heute noch in den Park?«, frage ich meine Freundin Marisa, die Mutter von Siri und den Drillingen. Sie schüttelt den Kopf: »Leider nicht, unsere Nanny hat heute frei, und da komme ich ja nicht aus dem Haus.«

Und während ich diese immer gut gelaunte, zauberhafte Marisa anschaue, verstehe ich die Tragweite: Ja, klar, wie soll man denn mit vier (!) Kleinkindern alleine vor die Tür? Sie haben einen Doppelkinderwagen und einen normalen Kinderwagen mit einem Trittbrett, auf dem Siri steht. Die Drillinge sind entzückend, aber wild. Und Siri ist auch ein sehr temperamentvolles Mädchen, die nicht einfach nur brav im Gras sitzt und Blümchen pflückt. Man kann alleine mit den vieren tatsächlich nur unter größter Gefahr für Nerven und Körper das Haus verlassen.

»Soll ich dich abholen? Dann kommst du wenigstens vor die Tür«, schlage ich ihr vor. Jetzt ist endlich Sommer, und den muss man auskosten. Marisa ist begeistert: »You made my day!«

Sam ist mit Mary im Park unterwegs, als ich bei Marisa vor der Tür stehe. Alleine für das Eincremen von vier Kindern mit Sonnenmilch muss man mindestens 25 Minuten einrechnen – wenn sie alle stillhalten. Was sie natürlich nicht tun. Der Weg zum Park verläuft ohne Komplikationen, wir sind zu zweit mit vier Kindern. Das ist machbar.

Im Park sitzt schon wie so oft die Hälfte des Kindergartens. Sam rennt über die Wiese und winkt mir zu. Wir gesellen uns dazu, und während ich mich erst mal entspannt auf die Decke setze, registriere ich, dass Marisa das nicht macht. Die drei Kleinen stehen im Gras und rennen tatsächlich alle gleichzeitig los – in verschiedene Richtungen. Die eine fällt ins hohe Gras, wo man sie gar nicht mehr sieht, die andere rennt den Hügel hoch, und der dritte hängt kopfüber am Zaun. Mein schlechtes Gewissen lässt mich aufspringen, und ich renne einem der Kinder hinterher. Und so bleibt es auch die nächste Stunde.

Danach bin ich im Eimer, Marisa lächelt immer noch gut gelaunt, ich bin am Ende meiner Kräfte. Wir machen uns mit den fünf Kindern (jetzt ist Sam dabei) auf den Nachhauseweg. Sam und Siri stehen auf dem Brett, die Drillinge sitzen festgeschnallt in den Kinderwagen. Sogar die Polizisten an den Kensington Gardens kommentieren die Kinderschar: »That's really a handful!« Um ehrlich zu sein, ist das mehr als eine Handvoll. Ich hätte gerne eine Ausbildung zum Raubtierdompteur.

Auf der großen Einkaufsstraße in Kensington lavieren wir uns durch die Menschenmengen. Eine kleine Straße müssen wir noch überqueren, dann sind wir da. Marisa geht mit dem Doppelwagen vor, ich folge mit dem einzelnen Kinderwagen und Sam und Siri auf dem Brett. Plötzlich hält mein Wagen abrupt an. Wir kommen keinen Schritt mehr voran. Sam hat an der Bremse herumgespielt, und jetzt hat sie sich verklemmt. Sofort entsteht auf der Straße ein Riesenstau, die Autos stehen schon bis zur großen Hauptstraße.

Marisa wartet schon auf der anderen Straßenseite. Aber sie kann den Zwillingswagen ja nicht alleine lassen. Glücklicherweise springt eine Frau ein: »I'll stand with them on the other side!«, bietet sie an, während Marisa und ich krampfhaft versuchen, die Bremse zu lösen und den mittlerweile riesigen Stau zu ignorieren.

Zu Hause angekommen stürmen alle fünf Kinder los und schaffen es, innerhalb von drei Sekunden das Kinderzimmer zu verwüsten. Nach einer Stunde bin ich nass geschwitzt. »Du sieht ein bisschen schockiert aus«, sagt Marisa lachend.

Ja, das bin ich auch. Wie macht sie das bloß? Und vor allem mit unverändert guter Laune? Wie kommt es, dass ihre Fußnägel immer so perfekt maniküri sind? Ihre Bluse sauber? Warum hebt sie nie die Stimme? Woher nimmt sie diese Sanftheit und diese unendliche, liebevolle Geduld? Natürlich wird es auch bei ihr ganz bestimmt Momente geben, in denen sie auch mal am Rande des Nervenzusammenbruchs ist, aber seit einem halben Jahr erlebe ich sie so entspannt. Ja, ich bin tatsächlich im Schock. Was mache ich denn hier für ein Drama mit nur einem einzigen Kind?

»Na ja, ohne Nanny würde ich auch wahrscheinlich mehrmals am Tag ausrasten. Wir haben ja zum Glück eine. Aber wenn ich die nicht hätte, dann würde es eng. Es soll ja auch *uns* Spaß machen mit den Kindern.«

Auf dem Weg nach Hause habe ich das Hundewackelkopfsyndrom, die Batterien sind *Ver*wunderung und *Be*wunderung. Du musst mal deine innere Dramaqueen ein bisschen zähmen, denke ich, die ist zwar immer wieder äußerst unterhaltsam, aber nicht immer angemessen.

Happy Endings

Bleiben wir?
Bleiben wir nicht?

Die Frage, ob wir länger bleiben, steht im Raum. Es ist Ende Juni. Wir sind genau ein halbes Jahr hier, und ich habe eine unbändige Lust, diese Stadt noch weiter zu erkunden und ihre Vielseitigkeit auszukosten. Ich habe mich in London verliebt. In diesen multikulturellen Wahnsinn, der zwar unglaublich viel Energie kostet, aber auch so herrlich inspirierend ist. Der große Nachteil ist nur, dass wir Sam dann einschulen lassen müssten.

»Kann der nicht einfach in unserem jetzigen Kindergarten bleiben?«, fragt Marc. Kann er, ja, aber dann wäre er mit großem Abstand der Älteste, und alle seine Freunde würden schon in die Schule gehen. Und zwar von 9 bis 15 Uhr. Und danach haben sie entweder weiterführende Kurse oder sind – verständlicherweise – platt.

Juni

Wir haben jetzt eh schon ein kleines Paralleluniversum, weil Sam immer mittags abgeholt wird und nach wie vor auch für keinen ergänzenden Kurs zu begeistern ist. Sam will einfach nur mit seinen Freunden spielen. Und dabei geht ihm auch nie die Fantasie aus. Ich hätte keine Schmerzen, wenn wir dieses Modell noch etwas weiter auslebten. Mir persönlich ist es ziemlich egal, was andere darüber denken. Aber Sam will natürlich Zeit mit Gleichaltrigen verbringen. Und das würde dann nicht stattfinden können.

Und sollten wir dann länger als ein Jahr bleiben, dann muss er in die Schule – und dann müsste er tatsächlich aufholen, denn die anderen Kinder haben dann ja schon ein Jahr Mathe und Schreiben geübt. Das wird eine so eiskalte Dusche für ihn und für uns, auf die ich noch viel weniger Lust habe.

»Aber es muss doch eine andere Möglichkeit geben«, stöhne ich, »es kann doch nicht sein, dass ich die einzige Mutter in ganz London bin, die das System so nicht mittragen will!«

»Mach doch *homeschooling*«, schlägt mir eine Freundin vor. O Gott, denke ich, das wäre dann ein paralleles Paralleluniversum. Und ich bin der Mork vom Ork. Außerdem sind doch das Spannendste an Schule die Mitschüler und das soziale Gefüge. Lernen würde Sam beim sogenannten Hausunterricht vermutlich sogar mehr als in der Schule, aber was ist mit Freundschaften? Cliquen? Auseinandersetzungen? Die erste Klassenreise? Dinge, die aus meiner Sicht viel wichtiger sind als Algebra und Grammatik?

Ein paar Tage später sitze ich mit Sam auf *unserem* Lunchplatz in unmittelbarer Nähe vom Piratenboot. Am Picknicktisch gegenüber sitzt eine Mutter mit ihrem kleinen Sohn. Wir kommen ins Gespräch. Sie ist Amerikanerin, lebt seit vier Jahren in London und hat zwei Kinder. Die Tochter ist sechs Jahre alt, ihr Sohn dreieinhalb.

»Auf welche Schule geht denn deine Tochter?«, frage ich sie. Ich frage jetzt einfach immer alle geradeheraus, denen ich begegne und die Kinder im schulreifen Alter haben. Ich mache quasi meine private Feldforschung, in der nicht sterben wollenden Hoffnung, auf Gold zu stoßen.

»Auf die Montessori-Schule«, antwortet sie, »aber sie hat dort gerade erst angefangen.«
 »Wirklich?«, kreische ich fast und möchte mich am liebsten auf ihren Schoß setzen, damit sie ja nicht geht, bevor ich alle Informationen habe.
 »Na ja«, fährt sie etwas zurückhaltend fort, »ich finde das Schulsystem in England etwas problematisch ...«

»Völlig wahnsinnig ist das!«, falle ich ihr ins Wort, damit sie nicht glaubt, dass sie hier um den heißen Brei herumreden muss.

Sie lacht und nickt: »Ja, mir geht das hier auch alles viel zu schnell. Die Kindheit wird damit so radikal verkürzt.«

Sie spricht mir aus dem Herzen. Welchen Namen wollen wir diesem Wettlauf geben, bei dem wir uns und unsere Kinder angemeldet haben? Welche Trophäe winkt eigentlich? Welches Preisgeld? Warum macht da eigentlich niemand mal eine Rechnung auf, was das volkswirtschaftlich bedeutet? Ach, vielleicht hätte ich doch etwas ›Ordentliches‹ studieren sollen? Mir geht ja in Deutschland schon vieles zu schnell. Aber gegen das englische System sind wir geradezu schneckig und tiefenentspannt. In England gibt es einen fixen Stichtag im September. Wenn dein Kind *vor* diesem Stichtag seinen vierten Geburtstag feiert, dann geht es in die Schule, wenn es auch nur einen Tag *danach* Geburtstag hat, dann bleibt es noch ein Jahr im Kindergarten. Aus. Ende der Diskussion. Hier geht es also nicht um individuelle Entwicklung, sondern einzig und allein um das Datum in der Geburtsurkunde.

Das bedeutet in der Folge, dass manche Kinder tatsächlich mit gerade mal vier Jahren eingeschult werden. Mit seinem Geburtstag Ende November hätte Sam wenigstens das Glück, schon fast fünf zu sein. Aber alle Eltern wissen, dass zwischen einem gerade erst Vierjährigen und einem bald Fünfjährigen entwicklungstechnische Lichtjahre liegen können – und trotzdem werden sie über einen Kamm geschoren.

»Und die Engländer sind wirklich erbarmungslos, wenn es um die Einschulung geht«, fährt meine neue beste Freundin fort. »Da gibt es einen Stichtag, und der gilt! Vor einiger Zeit gab es mal den Fall von Zwillingen, die eine wurde kurz vor Mitternacht des Stichtages geboren, und die andere kam kurz danach auf die Welt. Die zwei sollten doch tatsächlich unterschiedlich eingeschult werden! Das wurde dann in der Presse natürlich heiß diskutiert. Ich weiß gar nicht mehr, wie das am Ende ausgegangen ist«, lacht sie kopfschüttelnd.

Ich hänge förmlich an ihren Lippen und kann mein Glück kaum fassen. Vor mir sitzt nicht nur eine Gleichgesinnte, sondern womöglich mein Schlüssel zu einem anderen Tor, hinter dem sich eine Lösung der Schulfrage verbirgt.

»Jetzt bloß konzentrieren und nichts vergessen!«, schärfe ich mir ein, bevor ich die arme Amerikanerin, die wahrscheinlich nur in Ruhe Lunch essen wollte, mit meinem Fragenkatalog überfalle.

Juni

»Die Montessori-Lehre vertritt die These, dass Kinder sich unterschiedlich entwickeln und dass man bei der Erziehung dieser Individualität behutsam folgt und diese wachsenden Wesen in nichts hineindrängt!«

Obwohl ich über Maria Montessori ziemlich wenig weiß, lässt mich alleine dieser Satz sofort zu ihrem größten Fan werden. Vielleicht lasse ich mir im nächsten Copyshop gleich ein T-Shirt mit »I love Maria!« bedrucken.

»An diesen Montessori-Kindergarten ist eine Schule angeschlossen, in die dein Kind dann gehen kann, wenn es dazu bereit ist. Einige sind dann fünfeinhalb, andere gehen erst mit sechs oder sogar noch später. Die Übergänge sind fließend. Unsere Tochter war jetzt im Frühling so weit, und sie konnte einfach so mitten im Schuljahr vom Kindergarten in die Schule wechseln.«

»Mein Gott, ist das großartig«, jubele ich, »wo ist denn dieser Kindergarten?«

»In Notting Hill«, lautet ihre Antwort, die sich in meinen Ohren anhört wie die Einladung zum exklusiven Schlussverkauf bei Prada. Auf meine hastige Nachfrage, wo denn genau, stellt sich heraus, dass er nur zwei Straßen von uns entfernt ist. Ich komme mir einen Augenblick lang vor wie der Alchemist aus Paulo Coelhos gleichnamigem Buch, der die ganze Zeit quasi auf seinem Schatz sitzt, aber erst die Welt umrunden muss, bis er es bemerkt.

»Ruf da mal bald an. Die veranstalten normalerweise um diese Zeit im Jahr einen Tag der offenen Tür.«

»Sam, wir müssen nach Hause!«, brülle ich meinem Sohn zu, der irgendwo auf dem Mast des Piratenboots herumturnt und nur wenig Lust hat zu gehen.

»You probably saved my life!«, werfe ich der verdutzten Amerikanerin zu, bevor ich hektisch unsere Sachen zusammenpacke, meinen Sohn vom Mast hole und mich schnell zum Montessori-Kindergarten aufmache. Gelegenheiten muss man am Schopfe packen!

Maria und ich

Der Himmel scheint mir wohlgesonnen zu sein. Nur ein paar Stunden später klingele ich mit einem motzenden Sam im Schlepptau an der Tür des Montessori-Kindergartens. Das Gebäude ist nicht besonders schön, aber als mir die Kindergärtnerin die Tür aufmacht, betreten wir einen großzügigen, sehr hellen Raum mit angrenzendem kleinem Garten und einem Spielplatz.

Meine Glückssträhne reißt nicht ab, in zwei Tagen ist der einmal im Jahr stattfindende Orientierungsabend für die Eltern. Wenn es einem dort gefällt, dann darf man einen Vormittag lang hospitieren.

Natürlich gefällt mir der Orientierungsabend, durch meine Adern rauscht schließlich schon seit der denkwürdigen Begegnung in *meinem* Park Montessori-Blut.

Und jetzt sitze ich wieder ein paar Tage später auf einem kleinen Stuhl am Rand des Geschehens und darf einen Vormittag mit den Kindern verbringen.

Drei Lehrer sind für den Unterricht zuständig. Seti ist

die Leiterin der Einrichtung und hat mich auch am Orientierungsabend über alles aufgeklärt. Vor fünf Jahren ist sie mit ihrem Freund und ihrer kleinen Tochter von Spanien nach London gezogen.

»Als ich meine Tochter regelkonform mit vier Jahren eingeschult habe, war ich nach kürzester Zeit total geschockt. Sie war jeden Tag fix und alle. Es entsprach einfach alles nicht ihrem Tempo und nicht ihrer Art zu lernen. Aber es hieß immer nur: ›So machen wir das hier.‹ Sie hat sehr viel geweint, wirkte gestresst, und es gab keine Alternativen. Da habe ich sie aus der Schule genommen und sie erst mal zu Hause unterrichtet. Aber das war genauso furchtbar. Sie wollte ja mit Gleichaltrigen zusammen sein. Und dann bin ich auf den Montessori-Kindergarten gestoßen, und da ich ausgebildete Erzieherin bin, habe ich ohne zu zögern die erforderliche Zusatzausbildung gemacht. Und jetzt arbeite ich hier schon seit ein paar Jahren und meine Tochter ist glücklich und besucht mittlerweile die Montessori-Schule nebenan!«

Ach, das hört sich alles richtig gut und richtig richtig an.

Ich sitze also gespannt auf meinem Hocker und beobachte die Kinder. Der Raum ist aufgeteilt in unterschiedliche Themenbereiche: eine Leseecke, eine Kochecke, eine Näh-

und Strickecke. In der Mitte stehen kleine Tische, an denen die Kinder sitzen können.

Was mir schon am Orientierungsabend auffiel, ist die Tatsache, dass hier vergleichsweise wenig »reines« Spielzeug herumsteht. Die Klötze haben zum Beispiel Zahlen eingeritzt, damit die Kinder das metrische System kennenlernen. Die Ringe, die man um einen Holzstab legen kann, haben verschiedene Größen, um sich spielerisch mit Größenordnungen vertraut zu machen. Es gibt aber keine Legokiste oder eine mit Schleich-Tieren oder meinetwegen auch eine Kiste mit Tannenzapfen oder Kastanien, mit denen gespielt werden kann. »Nein, jede Handlung muss ein Ziel haben!«, erklärt mir Seti auf Nachfrage.

Oha, denke ich etwas alarmiert, ermahne mich aber sofort wieder. Jetzt sei mal nicht gleich so voreingenommen und oberkritisch, Lucie!

»Wir lassen die Kinder ohne Hindernisse und Beschränkungen den Raum erforschen, und dann nehmen wir uns in Abständen ein Kind zur Seite und üben mit ihm Zahlen oder Schreiben oder Ähnliches. Wir folgen hier wirklich der reinen Lehre von Maria Montessori.«

Ich lehne mich zurück und beobachte das Geschehen und spüre, wie meine Irritation langsam zunimmt. Zwei

Mädchen sitzen ausgesprochen gut gelaunt an den kleinen Tischen und malen. Sie kichern vor sich hin. Allerdings malen sie nicht wild drauflos, sondern sie malen die Vase ab, die sie von einer der Erzieherinnen vor die Nase gestellt bekommen haben. Ab und zu kommt die Lehrerin vorbei und ermahnt sie, nicht nur Quatsch zu machen. Gut, das ist normal.

»Warum malen sie nicht einfach, was sie wollen?«, flüstere ich Seti zu, und sie erwidert ebenfalls flüsternd: »Just drawing makes the mind wander! Dann bist du nicht fokussiert«.

Ja und?

Wie herrlich, wenn der Geist wandert. Ist das nicht der Moment größter Entspannung und Kreativität? Sam malt viel zu Hause und erzählt dazu unentwegt Geschichten. Und genau wie die Mädchen lernt er dabei, den Stift zu halten, Farben auszuwählen und konzentriert an einer Sache zu arbeiten.

»Aber jede Handlung muss ein Ziel haben«, wiederholt Seti noch mal. »Das Nähen und das Spiel in der Küche haben das Ziel, das man seine Feinmotorik schärft. Und das Malen ist die Vorbereitung zum Schreiben und soll die Konzentrationsfähigkeit schärfen.«

Puhh, ist das alles effizient. Wie die Mütter, die morgens im Jogginganzug ihre Kinder zum Kindergarten bringen, um dann nach Hause zu joggen. Vorsicht, Lucie!

Juni

Das machst du mittlerweile auch so. Ja, stimmt, verflucht, diese Stadt trimmt einen auf Effizienz.

Seti schleicht davon. Genau genommen schleichen alle hier, vor allem die Lehrer, und sie flüstern nur miteinander. Das ist ein wenig absurd und wirkt so, als ob hier Forscher gerade ein Experiment betreuen, dessen Ablauf sie auch ja nicht stören wollen. Als ob sie die kleinen Versuchsäffchen möglichst nicht unterbrechen wollten. Die Kinder reden in normaler Lautstärke, aber die Lehrer flüstern miteinander, geben sich Handzeichen und schleichen fast wie Geister durch den Raum. In mir diskutieren bereits widersprechende Positionen – lautstark und immer lautstärker.

Ich sehe, wie Seti ihrer Kollegin ein tonloses Zeichen gibt, dass sie sich jetzt einem Jungen widmen will. Sie schleicht zu ihm und flüstert ihm etwas zu. Die beiden gehen zu einem Regal und nehmen sich Schalen in verschiedenen Größen heraus. Der Junge nimmt sich die Schalen und will loslaufen, aber Seti hält ihn zurück und zeigt ihm wie man es macht: Sie nimmt eine Hand unter die Schalen, legt die anderen darauf und geht dann wortlos im Schleichgang zum Tisch.

Ich muss ein Lachen unterdrücken. Wer geht denn bitte so durch einen Raum? Wenn Sam sich etwas grapscht und losrennt, dann ermahne ich ihn natürlich auch, langsam zu laufen und eins nach dem anderen zu tun. Aber stumm wie ein Fisch mit einer ganz bestimmten Handbewegung durch den Raum zu schleichen wirkt gekünstelt und übertrieben. Wo bin ich denn hier gelandet?

In dem kleinen Garten vor dem Fenster spielen drei Jungs. Sie fangen an, miteinander zu raufen, aber lachen dabei. Es ist eine ganz typische, normale Rauferei unter Jungs. Seti ermahnt sie dazu, vorsichtig zu sein und ruhig miteinander zu spielen.

In einer anderen Ecke sitzt eine Erzieherin mit ein paar Kindern und singt. Ein etwa vierjähriger Junge liegt auf der Erde, heult und haut mit den Fäusten auf den Boden.

»Er ist noch nicht lange hier. Er tut sich noch ein bisschen schwer«, erläutert mir Seti. Sie versuchen, ihn ganz liebevoll zu trösten, aber er möchte alleine sein, und sie lassen ihn.

Allerdings geht es mir mittlerweile auch schon so wie diesem Jungen. Ich möchte mich auch auf den Boden legen und mit den Fäusten auf den Rasen trommeln. Einfach nur so, damit hier mal was passiert und alle nicht so irre beherrscht sind.

Denn obwohl alle nach außen hin mit Hippieklamotten herumlaufen, verspüre ich eine unglaubliche Starre, die für mich nichts mit dem alltäglichen Leben zu tun hat.

Warum schleichen die Lehrer durch den Raum und reden nicht in normaler Lautstärke? Warum malen die Kinder nicht einfach das, was sie wollen? Und wo ist der Raum für Kinder, die ein ähnlich hohes Energielevel haben wie Sam?

Ich verabschiede mich nach ein paar Minuten wortlos winkend und schleiche aus dem Kindergarten. Draußen schüttle ich mich erst mal wild, als ob ich einen akuten Läusebefall bekämpfen wollte, und brülle einmal kräftig, nur um sicher zu sein, dass meine Stimme noch funktioniert. Die englische Dame mit Pinscher auf der anderen Straßenseite zuckt merklich zusammen.

Mir persönlich ist das alles etwas zu dogmatisch, zu wenig heutig und lebendig. Schadet so eine Art des Kindergartens und der Erziehung? Vermutlich nicht wirklich. Sie ist auch garantiert sanfter als das, was in anderen Schulen passiert. Aber mir ist das irgendwie fremd. In Berlin stimme ich auch nicht mit allen Entscheidungen in unserer Kita überein. Und das ist okay so. Solange das Grundkonzept meinen Werten entspricht, darf es Abweichungen geben. Das zeigt den Kindern, dass nicht alles immer wie bei Mama und Papa ist.

Zu Hause google ich erst mal Maria Montessori, um meine Wissenslücken zu schließen. Von ihr gehört habe ich schon ein paarmal. Aber wann hat sie überhaupt gelebt? Und was verbirgt sich eigentlich genau hinter ihrer

Lehre? Und je mehr ich lese, desto mehr bewundere ich diese Frau, die Anfang des 20. Jahrhunderts – als Kinder und insbesondere behinderte Kinder keinen Wert in der Gesellschaft hatten – einen Raum für diese kleinen Menschen geschaffen hat, in dem sie sich entfalten durften. Aber wir sind doch mittlerweile im 21. Jahrhundert angekommen. Was ich gesehen habe, wirkt auf mich wie eine aus der Zeit gefallene Erziehungsmethode. Damals, als Kinder nur als billige Arbeitskräfte angesehen wurden, war die Methode natürlich revolutionär und ein Segen. Aber ich glaube, sogar Maria Montessori hätte ihre eigene, vielseitige Methode mittlerweile dem Zeitgeist angeglichen. Ich bedrucke mir nach wie vor gerne mal ein T-Shirt mit meiner Liebeserklärung an sie, aber ob das die richtige Einrichtung für Sam ist, wage ich zu bezweifeln. Und so sitze ich abends ziemlich ernüchtert auf der Couch und überlege mit Marc, wie es weitergehen kann. Sehr lange grämen muss ich mich allerdings nicht. Manchmal erledigen sich solche Kopfschmerzthemen ja auch von selbst.

Meine kleine Welle

Die britische Kindergartenzeit neigt sich ihrem Ende zu. Es ist Anfang Juli, und die Vorbereitungen für die »Graduation«, das Abschlussfest, laufen auf Hochtouren. Allem Anschein nach wird ein Theaterstück geprobt. Allerdings habe ich von diesen Proben nicht viel mitbekommen. Ich finde eine Notiz in Sams Schultasche, dass Sam am letzten Schultag doch bitte etwas Graues tragen solle. Auf dem Zettel ist »Lion« durchgestrichen und durch »Wave« ersetzt. Wurde er degradiert? Vom Löwen zur Welle? Muss ich mir Sorgen machen? Was für ein Stück führen die überhaupt auf?

»Sie proben seit Wochen ›Noahs Arche‹! Ich mache die Kostüme und jetzt auch noch das Bühnenbild!«, erklärt mir Amy mit leuchtenden Augen und setzt lachend hinterher: »Jetzt weißt du, was ich meine, wenn ich mich als amerikanische Strebermama bezeichne und hier meine ›glory time in the UK‹ feiere. Keine von euch interessiert sich so richtig dafür, und ich kann mein genetisch bedingtes, amerikanisches Strebertum ausleben! Ich komme hier ganz groß raus! Ein Traum!!«

Da hat sie allerdings recht. Und welche Rolle nehme ich in diesem Schauspiel ein? Sind wir Deutschen in diesem Rollenspiel nicht die Organisierer, die gerne das Zepter und die Zügel in die Hand nehmen? Ach, ich glaube, ich lasse dieses Klischee dieses Mal aus.

Ehrlich gesagt bin ich gespannt, ob Sam überhaupt auf der Bühne stehen bleibt. Im Februar gab es bereits eine kleine Chor-Performance seiner Gruppe. Das war ein Desaster. Sam sah mich im Publikum sitzen, heulte los und stürmte von der Bühne, um dann bei mir auf dem Arm die Lieder mitzusummen.

Am Abend vor der Performance klopfe ich vorsichtig die Lage ab: »Und, freust du dich auf morgen?« Seine Antwort: »Nope! Ish wollte die tiger sein, aber meine teachers habe gesagt, da gibt es keine tigers. Aber in mein Buch gibt es tigers!« Das stimmt tatsächlich. Haben die vielleicht eine andere Version von der Arche Noah?

Ich erkenne sofort, dass die Stimmung nicht gut ist, und versuche es anders. »Wen spielt denn dein Freund Haruto?« Sam: »Noah.«

Okay. Das nenne ich mal gelebte *diversity*.

Juli

Sam hat noch etwas anderes auf dem Herzen: »Und Greta hat gecried, weil sie auch eine wife sein wollte. Aber Lily und Tessa und Issi sind schon wifes und die teachers hat gesagt, das ist enough.« Das finde ich allerdings auch. Seit wann hat Noah denn DREI Ehefrauen? Oder zwei. Aber Sam will das Thema nicht weiter vertiefen.

Am nächsten Morgen versuche ich es noch mal, erhalte aber eine klare Absage: »Ish like die stage not! Ish mag die stage nur, wenn keine Mamas und Papas da sind!«

Das ist ungünstig. Ich versuche, ihm den Sinn und Zweck von Theaterstücken zu erklären, und scheitere dabei kläglich. Der kleine Mann verschränkt die Arme und schaltet auf Durchzug.

Aber genauso wie ich intuitiv wusste, dass die Nachmittage im Kindergarten zu lang für ihn sind, weiß ich jetzt, dass er auf diese Bühne muss. Manchmal gibt es einfach Klippen, die man nehmen muss, und ich weiß, dass er die Kraft dazu hat und es schaffen kann. Und dass ich ihm keinen Gefallen tun würde, wenn ich ihm die Hindernisse aus dem Weg räume.

Also versuche ich es mit der vielgelobten Ich-Botschaft: »Weißt du Sam, als ich ein kleines Mädchen war, da sollte

Meine kleine Welle

ich auch bei einer Schulaufführung auftreten. Oma hatte mir dafür extra ein Katzenkostüm genäht. Und als ich auf die Bühne sollte, da hatte ich so viele verrückte Schmetterlinge im Bauch, dass mir ganz schlecht war. Aber dann habe ich all meinen Mut zusammengenommen und bin auf die Bühne gegangen. Und das Gefühl danach, Sam, wenn man was macht, obwohl man Schmetterlinge im Bauch hat, ist ganz toll! Erinnerst du dich daran, als du auf dem Spielplatz vom Piratenboot springen wolltest und dich zuerst nicht getraut hast? Als du es dann aber gemacht hast, warst du ganz stolz. Erinnerst du dich daran?«

Er sieht mich mit großen Augen an und nickt. »Mama, canyoutellme die Schichte noch mal?«

Ich habe ihn am Haken und gebe mir innerlich High Five.

Marc bringt ihn zur Kita. Wir Eltern sollen etwas später kommen. »Ich habe deine Katzengeschichte auf dem Weg grob geschätzte dreiundvierzigmal mantramäßig wiederholt«, sagt er, als ich ihn später vor der Tür treffe. Wir sind beide sehr gespannt, was passieren wird.

Wir sitzen im Zuschauerraum. Alle Kinder werden auf die Bühne geführt, Sam hat eine gemalte Welle am Hals.

Juli

Er ist aufgeregt. Ich weiß so gut, wie er sich fühlt. Ich erinnere mich an meine erste Moderation, als ich aufgebrezelt und mit schweren Klunkern behangen, aber zitternd hinter dem Vorhang stand. Am Handy war mein bester Freund, dem ich ins Ohr jammerte: »Ich kann da nicht raus. Ich muss mich bestimmt auf der Bühne übergeben!« Heute kann ich sagen: Zum Glück bin ich rausgegangen. Und zum Glück habe ich mich nicht übergeben müssen.

Sam sieht mich und ruft: »Mommy, come here!«

O Gott, mir bricht es das Herz. Ich würde am liebsten sofort aufspringen und ihn in den Arm nehmen. Aber ich weiß, dass ich ihm das jetzt nicht abnehmen kann. Ich werfe ihm einen Kuss zu und flüstere: »Ich bin hier!«

Das Stück beginnt. Sam, »The Wave«, sitzt neben Elsa »The Wind«, und ihm kullern große Tränen über die Wangen. Miss Amanda wischt ihm liebevoll die Tränen ab und hält seine Hand. In der Reihe vor mir sitzen die Mütter von Haruto, Jimmy, Avi und Chris. Alle drehen sich zu mir um und lächeln mir mit Tränen in den Augen aufmunternd zu. Harutos Mutter ist so gerührt von Sam, dass sie mit der einen Hand ihren Sohn filmt und mit der anderen meinem Sohn einen Luftkuss nach dem anderen zuwirft. Marc und ich müssen schlucken und versuchen, uns zusammenzureißen, um nicht die Bühne zu stürmen.

Sam beruhigt sich langsam und singt sogar mit. Halbherzig, aber er tut es. Haruto ist ein vortrefflicher, wenn auch sehr kleiner Noah und macht alles natürlich vorbildlich und auf den Punkt genau. Jimmy und Avi laufen so mit. Mir ist nicht ganz klar, welche Rollen sie haben. Chris singt laut und schief, aber voller Inbrunst. Und Isabella Superstar rockt den Laden, als ob hier »Mamma Mia« aufgeführt werden würde.

Und dann kommt Sams großer Moment. Der große Auftritt, in dem »The Wave« einmal quer über die Bühne von rechts nach links und wieder zurück laufen muss. Er erinnert eher an einen Hasen, aber die kleine Welle hopst ganz alleine einmal quer über die Bühne und zurück auf ihren Platz. Alle Mütter in der Reihe vor mir drehen sich zeitgleich wie in einer einstudierten Choreografie um und flüstern sehr laut mit tränenerstickter Stimme: »HE DID IT!!!«

Ja, er hat es geschafft. Ich wische mir auch eine Träne weg. Auch Marc schluckt und räuspert sich. Noch nie war ich so stolz auf eine, auf MEINE Welle!

Nach dem Abschlussapplaus rennt Sam zu mir und springt mir in die Arme. Ich küsse ihn ab und wiederhole immer wieder, wie ich mich für ihn freue. Und wie stolz ich auf ihn bin.

Juli

»I did it!«, sagt er. »Mama, ish habe imma an deine Schichte denkt! Immer und immer!«

Die Welle hat die Klippe umfahren. Ob die Bühne jemals sein Lieblingsort wird, bleibt noch offen. Vermutlich sollte ich ihn wieder bei den acht Werbecastings abmelden und auch die Setcards einstampfen lassen.

Friedenspfeife rauchen

Jeden Donnerstag um 9:30 Uhr können sich Eltern, die Interesse an einem Kindergartenplatz in ›unserer‹ Nursery haben, den ganzen Laden bei laufendem Betrieb anschauen. Vor unserem Umzug hatte ich dazu keine Zeit, aber die Direktorin Miss Jaqueline hatte mir mehrfach angeboten, dass ich das jederzeit nachholen könnte.

Wir hatten bekanntermaßen eine etwas holprige Eingewöhnungsphase, weshalb ich mich damals gegen ein Kita-Sightseeing entschieden hatte. Ich wollte nicht, dass Sam mich sieht und total ausflippt. Später kam dann immer etwas dazwischen: eine Reise, die Handwerker für unsere Indoordusche, Arbeitsstress oder Sonstiges. Den kleinen Disput mit Sams Lehrern hatte die Direktorin natürlich mitbekommen und wirkte danach ziemlich reserviert. Mein Ruf war gänzlich ruiniert. Man hatte mich als hoffnungslosen Fall abgeschrieben: Ach, die ziehen ja sowieso bald wieder weg.

Juli

In der letzten Woche vor den Ferien klappt es dann aber endlich. Eigentlich spielt es jetzt keine Rolle mehr, ich möchte mir trotzdem diese Tour geben und mich gebührend verabschieden. Nur für mich. Denn ob wir nun in London bleiben oder nicht, die Zeit hier in der Nursery neigt sich dem Ende zu. Und so anstrengend die ersten Wochen auch waren, seitdem Sam nur noch vormittags in den Kindergarten geht, ist die Begeisterung exponentiell gestiegen, und er kommt jeden Tag freudestrahlend nach Hause.

Miss Jaqueline wird mich an diesem Tag zusammen mit einem jungen Elternpaar herumführen, das einen Platz für seine kleine Tochter sucht. Sie erläutert den beiden, dass mein Sohn bereits den Kindergarten besucht, und dann geht die Tour auch schon los. Die Kinder spielen gerade im kleinen Innenhof, und ich höre Sam lachen. Er winkt mir und gibt mir einen Kuss. Miss Jaqueline zeigt den Raum mit den Spielsachen und beschreibt den morgendlichen Ablauf.

Im Nachhinein kann ich nicht mehr rekonstruieren, wie es genau dazu kam, aber ich fange an, ihren Vortrag ungefragt mit meinen Erzählungen und Erfahrungen zu ergänzen.

Sie erzählt von dem Programpunkt »Show & Tell«, und ich füge hinzu, wie sehr Sam daran gewachsen sei, was er dabei gelernt habe und wie sehr er sich auf den Freitag freue, weil dann »Show & Tell« stattfinde. Ich spüre ihren Blick von der Seite, den ich nicht richtig zuordnen kann: Findet sie es doof, dass ich ungefragt erzähle? Oder nicht? Die Eltern scheinen meine Wortbeiträge zu honorieren. Auf jeden Fall nicken sie eifrig.

Miss Jaqueline führt uns als Nächstes in den kleinen verwunschenen Kirchgarten, und ich erzähle, dass dieser Garten Sams Lieblingsort sei. Dass er immer von diesem Garten erzähle und von den Elfen und Geistern, die hier leben.
  Miss Jaqueline ist die Stichwortgeberin, und ich fülle alles wie eine fleißige Assistentin mit Bonusmaterial auf. Ein perfektes Duo. Wir hätten es nicht besser einstudieren können. Und jetzt habe ich auch das Gefühl, dass nicht nur den jungen Eltern, sondern auch ihr meine Beiträge gefallen.

Es folgt die Besichtigung des Raumes, in dem die Kinder sitzen und gerade Schreibübungen machen. Sam gibt den Klassenclown, und Miss Catarina weist ihn liebevoll zurecht. Ich erzähle den Eltern, wie wichtig Miss Catarina für Sam ist und dass er mir neulich gestand: »I love Miss Catarina.«

Juli

Wir kehren zurück in den großen Hauptraum, und ich nehme das Buch aus dem Regal, auf dem groß »Paddington Bear« abgebildet ist. Sein Stoffbärpendant liegt daneben.

»Das hier ist großartig!«, sage ich und zeige ihnen das Buch.

»O ja, danke!«, Miss Jaqueline lächelt, »das hätte ich ganz vergessen!«

Ich erzähle, dass jedes Kind »Paddington« für ein paar Tage mit nach Hause nehmen darf und danach Fotos in das Buch klebt und eine Geschichte über die Erlebnisse schreibt, zeichnet, malt, die man mit dem Bären hatte.

»Dieser Bär ist schon viel herumgekommen, viel mehr als ich«, sage ich lachend. »Er war schon in Afghanistan, in Tokio, Skifahren in Verbier, und das Lego-Land hat er auch schon unsicher gemacht. Sam hat es geliebt, darin zu blättern und zu erfahren, mit welchem Klassenkameraden der Bär was für Sachen unternommen hat.«

Das junge Elternpaar ist begeistert, und sie verabschieden sich von uns. Miss Jaqueline dreht sich freudestrahlend zu mir um: »Können wir das ab jetzt immer zusammen machen? Das war ja großartig!«

Ich erwidere ihr Lachen. Und so schließen wir Frieden. Auf jeden Fall habe ich das Gefühl. In wenigen Sekunden löst sich alles auf. Mein Grummeln und mein Brass und ihre Unterkühlung. Die Raumtemperatur erhöht sich deutlich, und ich meine sogar, den Rauch unserer Friedenspfeife in der Nase zu haben. Ich hatte die Möglichkeit, mir diesen Kindergarten noch mal unter anderen Vorzeichen anzusehen und zu erkennen, dass sie alle hier ihr Bestes geben. Dass es keine Ungeheuer sind, sie nur einem System folgen, das nicht über Nacht zu ändern ist.

Und während wir weiter an unserer virtuellen Friedenspfeife schmauchen, verabschieden wir uns voneinander und danken uns gegenseitig für diese lehrreiche Zeit. »You have a special boy there«, sagt sie. »Er ist so empathisch und kreativ. Ein großer Dickkopf, aber das Herz am rechten Fleck. Und was für ein Naturbursche!«

Es war alles richtig, so wie es war. Am liebsten würde ich mich jetzt mit ihr in den nächsten Pub setzen und ein Pint trinken. Aber wir absolvieren den Abschied in einer eher stummen Version. Und jetzt kann ich das Kapitel ohne Groll schließen und gehe sehr glücklich nach Hause. Winnetou wäre stolz auf mich.

Der Blick zurück nach vorn

Es geht zurück

Alea iacta est. Auf Lateinisch klingt es irgendwie weniger dramatisch. Aber die Entscheidung steht fest, der Würfel ist gefallen und wir gehen nach gut sieben Monaten London zurück nach Berlin. Mittlerweile ergibt auch alles Sinn. Ich muss im Herbst viel in Deutschland arbeiten, unsere Londoner Wohnung soll für 1,7 Millionen Pfund den Eigentümer wechseln (und dummerweise hat das mit dem Lotto nicht geklappt), und für Sam haben wir in London noch immer keine zufriedenstellende Schullösung gefunden. Marc und ich gehen beide mit einem lachenden und einem weinenden Auge.

An einem Nachmittag kurz vor unserem Umzug sitze ich mit Sam auf einem Spielplatz in unserer Nachbarschaft. Zwei Jungs, die zwei, vielleicht drei Jahre älter zu sein scheinen, spielen ebenfalls auf dem Spielplatz. Eine ältere Dame sitzt auf der Bank und ist offensichtlich für die beiden zuständig. Sie ist nicht die Mutter der beiden, weder ihr Verhalten noch ihr Alter lassen diesen Schluss zu. Sie

Juli

hat aber einen sehr liebevollen Umgang mit den beiden, so wie es Tanten haben, die wissen, dass sie die Kinder um 18:30 Uhr wieder abgeben können.

Wir kommen ins Gespräch. Sie ist die Nachbarin der Kinder und hilft aus, wenn die Mutter Unterstützung braucht. Erst reden wir ausführlich über das Wetter. Zwar befinde ich mich in der Schule des »Wetter-Small-Talks« noch in den unteren Klassen und bin weit entfernt von der Versiertheit meines Sohnes, aber ich gebe mir alle Mühe. Nachdem wir das Wetter (»Kälter als gewöhnlich« etc.) abgehakt haben, fragt sie nach Sams Alter.

»Er ist vier und wird im November fünf«, antworte ich.

»Wissen Sie schon, auf welche Schule er gehen wird?«, erkundigt sie sich.

Sie erfährt von mir, dass wir zurück nach Deutschland gehen und unser Schulsystem ganz anders funktioniert als das britische.

»Ach, das ist so viel besser!«, nickt sie. »Ich bin Lehrerin und bekomme täglich mit, welch einem Druck die Kinder ausgesetzt sind. Das ist alles so überflüssig!«

Ich bin erneut wie elektrisiert und frage sie nach der Schule, an der sie unterrichtet. Es ist eine kleine Schule mit einem sehr guten Ruf, weil sie mit sehr kleinen Klassenstärken arbeiten. Aber auch weil sie ihren Fokus nicht nur auf die akademischen, sondern auch auf die

Es geht zurück

kreativen Fächer legen. Tanzen, Malen oder Schauspiel haben einen sehr großen Stellenwert.

Meine mexikanische Freundin Barbara hatte mich während meiner Schulrecherche im April auf diese kleine Schule aufmerksam gemacht. Sie war selbst lange Primaballerina gewesen, und ihr graute es davor, ihre Tochter in ein zu enges akademisches Schulsystem zu stecken. Das Einzige, was mich damals an der Homepage der Schule abschreckte, war folgender Satz: »Sollten Sie schwanger sein, dann melden Sie Ihr Kind doch bitte gleich an. Wir haben lange Wartezeiten.«

Da ich dieses Zeitfenster nachweislich verpasst hatte, war ich damals gar nicht weiter in das Lehrkonzept eingetaucht.

»Wissen Sie, was ich nicht verstehe«, sage ich zu ihr. »Ich höre von allen Seiten in einem fort, wie anstrengend das britische System ist. Vonseiten der Eltern sowieso konstant, aber jetzt auch von Ihnen, als Lehrerin, aber...«

»... aber niemand tut etwas dagegen?«, ergänzt sie den Satz.

»Ja, ganz genau.«

»Das ist eine gute Frage. Ich kann sie aber leider nicht beantworten. Ich bemühe mich, besonders mit den jüngeren Kindern, nur in möglichst kurzen Intervallen stilles Sitzen zu üben und ihnen viele Spielpausen und ausreichend Bewegungsraum anzubieten. Aber ich werde als Lehrerin angehalten, ständig meinen Rapport beim Direktor abzugeben: Wer kommt nicht mit? Wer hat wo seine Schwächen? Das muss ich alles sofort weitergeben. Ich mache das meistens nicht. Ich begleite doch die Kinder durch die Schule, und drei Jahre später ist alles gut, und jeder hat in seinem Tempo seinen Platz gefunden. Wenn man aber jede noch so kleine Abweichung meldet, dann fangen alle an, sich sofort Sorgen zu machen: die Eltern und die Kinder. Jeder Mensch entwickelt sich in seinem eigenen Tempo. Aber mein Verhalten hat mir schon zwei Abmahnungen eingebracht, weil ich mich den Schulregeln widersetzt habe.«

Sie sieht mich aus warmherzigen Augen an: »Seien Sie froh, dass Sie die Wahl haben. Es ist besser für die Kinder. Für die meisten auf jeden Fall.«

Ich weiß das. Aber davon wussten wir nichts, als uns die Liebe erwischt hat. Denn wir haben uns in dieses Land, in diese Stadt, Hals über Kopf verliebt.

Ich will an dieser Stelle den britischen Premierminister zitieren, um das ganze Ausmaß der Bedeutung zu umreißen. (Ich meine natürlich Hugh Grant in »Love Actually«): »Wir sind das Land von Shakespeare, Churchill, den Beatles, Sean Connery und Harry Potter. David Beckhams rechten Fuß. Und: David Beckhams linken Fuß, wenn wir schon dabei sind.«

Es geht zurück

Wenn ich unsere Begeisterung auf London eingrenze, dann ist das die Stadt, in der die Queen vor ein paar Jahren ihren 80. Geburtstag mit Paraden vor dem Buckingham Palast feiert, während hinter dem Palast zu ihren Ehren eine Nackt-Fahrrad-Parade stattfindet, mit johlend winkenden, splitternackten Piraten und Elfen.

Es ist die Stadt, in der man bestimmt das allerbeste Curry außerhalb des indischen Subkontinents essen kann. Es ist eine Stadt der Gegensätze mit einer unglaublich inspirierenden Mischung von Kulturen und Lebenskonzepten. Während muslimische Männer vor der überfüllten Moschee beten, machen um die Ecke jüdische Schmuckhändler ihre Geschäfte, und eine Ecke weiter genießen wir die Köstlichkeiten eines Urban Foodmarket. Man sieht junge Männer aus der zweiten oder dritten Migrationsgeneration mit Goldkettchen und dicken Schlitten durch die Stadt heizen und japanische Touristen, die wild knipsend die neuesten Modekreationen auf dem improvisierten Laufsteg im Osten der Stadt bestaunen und dokumentieren. Es gibt neben totalen Bruchbuden mit Fenstern, die diese Bezeichnung nicht verdienen, auch Häuser, die designmäßig State of the Art sind und in der letzten *Architectural Digest* auf mehreren Seiten gewürdigt wurden. Man kann hier alles haben und nichts. Es ist eine Stadt der Gegensätze, von mega-super-über-

Juli

irdisch-reich bis unendlich-erbärmlich-arm. Es ist eine Stadt, in der man die weltbesten Ausstellungen sieht, die unglaublichsten Theaterproduktionen, eine Stadt, die vor Kreativität schier zu bersten scheint und die gleichzeitig so hart und unerbittlich sein kann. Es ist die Stadt, in der Gedenktafeln an Terroranschläge in U-Bahnhöfen hängen. Und nicht etwa Terroranschläge, die vor zwanzig Jahren stattgefunden haben, sondern Terroranschläge aus der unmittelbaren Vergangenheit. In der man als Eltern einen Notfallzettel vom Kindergarten bekommt, wo sich die Kinder aufhalten, wenn so etwas noch einmal passieren sollte und wie man sich dann als Eltern zu verhalten habe. Aber so wie man sich in Deutschland daran gewöhnt hat, dass vor jeder jüdischen Einrichtung ein Mannschaftswagen der Polizei steht, stehen muss, so gewöhnt man sich auch an die Gedenktafeln und die Notfallzettel. Wir integrieren diese latente Gefahr, damit wir nicht wahnsinnig werden.

Die englische Höflichkeit ist weltbekannt und mit Sicherheit nicht immer ganz aufrichtig, aber ich liebe es, dass in den Schreibwarenläden alleine fünf große Regale nur für »Thank you« Karten reserviert sind. Weil es etwas mit einem macht, wenn das Sichbedanken ein Ritual wird. Und ich liebe es, dass acht weitere Regale mit saulustigen Karten bestückt sind, weil Humor sowieso jede Situation be-

Es geht zurück

reichert oder rettet, und die Briten ihren Humor wirklich bis ins letzte Detail perfektioniert haben.

Sollte es ihnen gelingen, jetzt noch dieses leidige, alles andere besetzende Schulthema in den Griff zu bekommen, dann beantrage ich auf der Stelle einen britischen Pass.

An unserem letzten Tag sitzen wir morgens noch einmal auf unserer Dachterrasse und schauen über die Dächer von Notting Hill. Es ist Hochsommer. Ich bestaune ein letztes Mal die Krone dieses gigantischen Baums, der vor unserem Haus steht und mich mit seinen im Wind tanzenden Blättern immer beruhigen konnte. Unser Flieger geht mittags, und wir gehen ein letztes Mal in unser Lieblings-Frühstückscafé auf der Westbourne Grove, um die besten Rühreier der Stadt zu essen. Der Kellner hört mich mit Sam Deutsch sprechen. »God, you must be so happy!«, platzt es aus ihm heraus. Ich sehe verwirrt zu ihm hoch. Glücklich worüber? Ich verlasse gleich euer Königreich, und dann ist Schluss mit Einwanderinprinzessin.

»Ihr seid Weltmeister! Ihr habt aber auch so unfassbar gut gespielt. Ich meine, was wir da abgeliefert haben, war *really embarrassing!* Aber was ihr da gemacht habt! Congratulations!« Und dann verschwindet er, um unsere

Juli

Rühreier in Auftrag zu geben. Ja, auch das können sie. Andere feiern und sich selbst durch den Kakao ziehen. Ach, was werde ich London vermissen. Was ich in meinem Koffer nach Berlin einpacke? Ein bisschen leichtfüßiges Tanzen hoffentlich. Ich hoffe nur, dass sich mein erweiterter Horizont nicht so schnell einengen lässt, durch den Trott und alte, bekannte Muster. Ich nehme meine neue lieb gewonnene Leidenschaft für indisches und pakistanisches Essen mit. Ich werde es vermissen, dass ich hier an jeder Ecke meine Augenbrauen »threaden« lassen kann und nicht zupfen muss. Ich werde vieles in Deutschland besser zu schätzen wissen. Ich glaube, ich werde mal versuchen, weniger zu schimpfen. Und den Freiraum würdigen, den wir für und mit unseren Kindern haben. Mal sehen, ob es klappt.

Back in Berlin
oder London-Kater

Hat jemand den Stecker rausgezogen? Den Ton ausgestellt? Es ist jetzt Mitte Juli, und wir sind seit ein paar Tagen zurück in Berlin. Ich bin irritiert. Wir alle sind irritiert. »Mama, I can hear the birds!«, ruft Sam, er steht bei uns auf dem Balkon. In London konnten wir die Vögel morgens auch hören, aber sie hatten drei Orchester im Hintergrund, die nicht aufeinander abgestimmt waren, eine richtige Großstadtkakophonie eben aus Müllabfuhr, Schulkindern und LKWs, die entladen werden.

Unsere Berliner Wohnung ist nach nur sieben Monaten völlig verwaist. Und das obwohl Marc und ich immer wieder mal kurze Stippvisiten unternommen haben und unser Wohnungsschlüssel wie ein Wanderpokal zwischen Freunden und Bekannten, die für ein paar Tage nach Berlin kamen, weitergereicht wurde. Aber man merkt, dass hier nicht gelebt, sondern eben nur genächtigt wurde.

Aber nicht nur unsere Wohnung wirkt wie ein Vakuum, die ganze Stadt scheint im Dornröschenschlaf zu liegen. Ist das dieselbe Stadt, die ich vor Monaten noch als zu hektisch empfunden habe? Die ich verflucht habe und in der ich mir häufig wünschte: »Ich will aufs Land ziehen!« Das ist ganz unfassbar, diese Stadt wirkt wie ein einziges Wellness-Spa im Gegensatz zu London. Während man in London das Gefühl hat, die ganze Stadt stünde unter Strom, scheint Berlin von einem Kurzschluss heimgesucht worden zu sein. Mich würde es auch nicht wundern, wenn hier gleich ein Ochsenkarren um die Ecke käme.

»Ich fühle mich, als hätte ich einen Kater«, sagt Marc, »so eine Mischung aus Muskelkater und Hangover.«

»Ich auch«, sage ich, »das ist der London-Kater.«

Man muss wirklich nur kurz die Perspektive wechseln und schon erscheint einem eine hektische, volle Stadt ganz ruhig. Wie bei Dornröschen musste erst die Dornenhecke weg, bevor der befreiende Kuss kam. Und so sehr ich London vermisse, diese Ruhe trägt auch eine große Freiheit in sich. Ich kann durchatmen, ich habe das Gefühl, nicht schon morgens im Hamsterrad aufzuwachen. Obwohl ich mich in London so oft es ging aus der

Dynamik herausgezogen habe, ganz frei machen konnte ich mich nicht davon. London trimmt jeden früher oder später auf Effizienz. Man schminkt sich in der Tube auf dem Weg zur Arbeit, weil die Fahrt nun mal gerne 45 Minuten dauert oder joggt zur Arbeit mit kleinem Rucksack und Wechselklamotten auf dem Rücken. Denn wann soll man denn sonst auch noch Sport treiben? Marc musste sich auch am Anfang an Mitarbeiter mit nassen Haaren gewöhnen, weil sie nach dem Joggen noch schnell unter die Bürodusche sprangen.

Berlin dagegen wirkt wie eine Hippie-Laissez-faire-Kommune. Und die ganze Diskussion um Frühförderung und Schule, die ich immer als extrem anstrengend, ja fast hysterisch empfunden habe, wirkt auf einmal wie Lätta light im Vergleich.

Noch sind Sommerferien in Berlin. Sams Kita ist noch geschlossen. Er spielt glücklich und zufrieden in seinem Zimmer und entdeckt alles wieder neu.

»Mama, ish forgot how much toys I have!« Ja, ich hatte auch vergessen, wie viel Spielzeug er hat und wie viel Kram Marc und ich besitzen – und gar nicht vermisst haben. Der Kleiderschrank und die Schubladen sind alle randvoll. Und das, obwohl wir noch auf unsere Umzugskisten aus London warten. Wir hatten in London nur das mit, was wir wirklich brauchten. Zweimal nur hätte ich gerne ein Kleid aus der Berliner Dependance dabeigehabt. Zweimal! Sam hatte nur seine Schleich-Tiere, Malsachen und vor allem viele Bücher mit. Das Einzige, was Tante Hilly mitbringen musste, war sein Lego Duplo. Aber mehr nicht. Alles andere schien vergessen. Jetzt steht er in diesem überfüllten Zimmer, und ich schäme mich fast für diesen Konsumrausch, dem ich anscheinend verfallen war. Das ist ja gruselig. Sams Zimmer sieht fast aus wie der Spielzeugladen »Hamleys« in London, der wegen totaler Reizüberflutung auch gerne »Eltern-Hölle« genannt wird. Vermutlich hätte ich vorfliegen sollen um ein paar Dinge auszusortieren. Das wäre meine Chance auf ein halbwegs leeres Kinderzimmer gewesen. Und auf ein feinmaschiges Aussieben und grundsätzliches Ausmisten der restlichen Bude. Überall stapeln sich Bücher, wir haben so viele Gläser, wie eine gut besuchte Bar, und von unserem Kleiderschrank will ich gar nicht erst anfangen. Der Staub hat sich durch die Türen geschlichen und sich auf die unzähligen Hemden, Blusen und Kleider gelegt wie Raureif. 99,9 Prozent der Klamotten habe ich nicht vermisst. Die meisten Bücher habe ich bereits gelesen, warum modern die eigentlich im Regal vor sich hin? Ich könnte sie ja auch verschenken. Der Badezimmerschrank ist voll mit Beautyprodukten. Zugegeben, Haargel wird nicht schlecht, aber warum habe ich denn fünf Tuben von einer Marke? Für den Fall der Fälle gehamstert, falls Aliens angreifen und man sich verstecken muss. Ohne Haargel wäre das natürlich auch eine echte Katastrophe... Und während Sam mit den anderen Kindern aus dem Haus im Hof spielt, nutze ich die Gunst der Stunde und *entlaste* sein Zimmer, aber auch unsere Besitztümer. Und komme damit in Minischritten wieder in Berlin an.

Die Schuld der Geburt

Das Ankommen kann man nicht beschleunigen. Zumindest ist das meine Arbeitshypothese. Ich kann das Aufräumen weiter vorantreiben, alte Gewohnheiten aktivieren und damit die Dauer des Übergangs verkürzen, aber bestimmte Dinge – wie die Geschwindigkeit der reisenden Seele, das Lösen von Vergangenem und das Begrüßen von Neuem – dauern einfach ihre Zeit. Es ist, als ob jede Zelle meines Körpers sich in ihrem ganz persönlichen Tempo akklimatisiert. Ich habe schon oft versucht, Vorgänge zu beschleunigen, indem ich gereist bin. Liebeskummer mit Flügen nach New York zu bekämpfen, war immer ein Versuch wert, aber »you are always a prisoner of yourself«, wie mir mal ein alter Freund sagte. Und darum müsste es mich eigentlich auch nicht wundern, dass sich durch unseren London-Trip zwar vieles verändert hat, aber manches eben auch bleibt. Bis die Zeit reif ist, es sich anzuschauen.

Mich fasziniert immer wieder, was sich mein Kopf so alles für mich ausdenkt, während ich mir auf die Schulter klopfe und mir einrede, ich habe alles unter Kontrolle, bin selbstbewusst, selbstkritisch und überhaupt sehr offen für erweiternde Gedanken. Denkste!

Während ich also die Säcke für die Kleidersammlung packe und mir stolz zurufe, was für eine großartige Gelegenheit sich mir da bietet, nach unserer Londoner Episode alte Sachen aufzuräumen und loszulassen, um Raum für Neues zu bereiten, da kommt eben so eine alte Sache angeschlichen und brüllt zurück: Denkste!

»Mein Schuldgefühl konnte ich erst ablegen, als mir die Ärztin sagte, dass Miriam nicht behindert ist«, sagt meine Tante. Wir sitzen drei Monate nach unserer Rückkehr mal wieder in großer Runde bei Hassan, dem ›Italiener um die Ecke‹. Meine Cousine ist etwa so alt wie ich. Für ihre Geburt hatte sich meine Tante damals eine kleine Privatklinik ausgesucht. Es schien die allerbeste Wahl für Mutter und Kind. Die Geburt verlief zunächst nach Plan und problemlos, aber kurz vor Schluss drehte sich Miriam und blieb stecken. Die Ärzte wollten sofort den Notkaiserschnitt einleiten, aber der OP-Saal war nicht frei. Und das kleine Krankenhaus verfügte nur über einen OP-Saal. Und darum mussten sie es so schaffen, und Miriam litt zeitweise unter Sauerstoffmangel.

»Eine Diagnose konnten die Ärzte direkt nach der Geburt nicht stellen. Dafür war es noch zu früh. Also sind

September

wir regelmäßig zu Nachuntersuchungen gegangen. Und ich erinnere mich noch genau an den Tag – Miriam war zweieinhalb. Die Ärztin reißt nach einer Untersuchung die Tür auf und ruft den Gang hinunter: ›Alle mal herkommen! Hier ist ein rundum gesundes Kind!‹ Da ist mir die Schuld wie Zentner von den Schultern gefallen.«

Mich hat die Geschichte damals sehr berührt und nicht mehr losgelassen. Denn auch ich kenne dieses Gefühl der Schuld und kann wie sie den Tag benennen, an dem sie mich endlich losgelassen hat.

Meine Schuld ist Sams Frühgeburt. Sie verfolgt mich seit dem Tag seiner Geburt. Ich bin schuld, dass die Fruchtblase geplatzt ist, sagte ich mir. Ich bin schuld, dass mein Körper dieses Kind nicht länger in sich halten konnte. Wollte. Dieses diffuse Schuldgefühl hatte mich im Griff und wollte mich nicht loslassen. Und ich wollte sie nicht loslassen. Wie konnte es sein, dass ich so versagt hatte? Dass ich meinem Sohn so einen unglücklichen Start ins Leben verursacht hatte? Mein Körper war schuld. Meine Gedanken waren schuld. Ich fand den großen Bauch anstrengend. Mich nervten die Rückenschmerzen, die Schlaflosigkeit, die riesigen Brüste, die Schwerfälligkeit. Ich fühlte mich gegen Ende der Schwangerschaft wie eine Elefantenkuh, nur ohne die Möglichkeit, mich zur

Entspannung einfach in den Schlamm eines Wasserlochs zu legen.

Ich ging brav zum Schwangerenyoga, ich trank regelmäßig Obstsäfte und ernährte mich rundum gesund. Aber meine Gedanken, meinen Wunsch, endlich meinen Körper wieder für mich alleine zu haben, hatte ich nicht im Griff. Diese Gedanken dachten sich einfach von ganz allein.

Nach der Geburt konnte sich keiner der Ärzte erklären, warum es zu der Frühgeburt gekommen war. Medizinisch gab es keinen Grund. Aber sie wussten ja auch nichts von meinen Gedanken. Sie waren mein kleines, schreckliches Geheimnis.

Und anscheinend kannte sich auch keiner der Ärzte mit Star Wars aus. Denn dann wären sie mir auf die Schliche gekommen. Yoda macht ja auch alles mit der Kraft seiner Gedanken. Und als Sam mit vier Jahren in die Star-Wars-Phase kam und ich mich zum ersten Mal mit Yoda auseinandersetzen musste, fühlte ich mich wieder in meiner Schuld bestätigt. Die Kraft meiner Gedanken war schuld an Sams Frühgeburt!

Am Anfang habe ich ganz viel über die Frühgeburt geredet. Ich musste es allen erzählen. Immer wieder. Und immer wieder. Zuerst meinen Freunden und, als die es nicht mehr hören konnten, auch Menschen, die ich gerade erst kennengelernt hatte. »Hallo, mein Name ist Lucie,

September

ich hatte eine Frühgeburt«, war mein Standardsatz zur Einführung. Und dann ließ ich die Zuhörer nicht mehr aus meinen Fängen, bis sie sich alles angehört hatten. Und das Gute an Baby-Grusel-Storys ist, dass sich niemand traut, das Gespräch vorzeitig abzubrechen.

Ich war wie eine Platte mit Sprung. Ich erzählte immer wieder das Gleiche in der Hoffnung, dass sich durch Mehrfacherzählung die Schuld langsam abnutzt. Dass auch die Schuld irgendwann genervt von meiner Geschichte war und sich abwandte. Aber sie tat es nicht. Sie blieb. Das Biest.

Sam war nie ein guter Schläfer. Er wollte nicht einschlafen. Tagsüber schlief er meistens tief und fest, aber die Nächte waren nichts für ihn. Es gab kurze Phasen, in denen fand er nachts zur Ruhe, aber die hielten nie lang. Ab seinem zweiten Lebensjahr war er in vier von sieben Nächten zwischen 2 und 5 Uhr morgens hellwach. Es war die Hölle. Hätte ich in dieser Zeit nicht den Blog geschrieben, ich hätte keinerlei Erinnerung an diese Jahre. Die Müdigkeit war schwer und bleiern. Meine Augenringe waren großflächig und dunkel und die Sammlung meiner Concealer war mit Sicherheit die größte der Welt.

Marc und ich brüllten uns nachts an. Wir brüllten Sam an. Es waren keine schönen Nächte. (Sorry, liebe Nachbarn!) Wir konsultierten Kinderärzte, versuchten Lavendelbäder und den Entzug von Mittagschlaf. Nichts half. Sam schlief wieder bei uns im Bett, das brachte zwar ein wenig Erleichterung, aber nicht viel.

Kurz vor seinem fünften Geburtstag, ein paar Monate nach unserer Rückkehr aus London, war ich bei unserer Kinderärztin wegen eines nicht enden wollenden Hustens. Und wegen des nicht enden wollenden Fingernägelkauens. Ein schönes Mitbringsel aus London. Sie wusste auch nicht so richtig weiter und verwies uns an ihren Mentor: »Er ist Arzt und ein ausgezeichneter Homöopath. Versucht es mal bei ihm.«

Nur um vorzubauen: Das hier ist keine Diskussion über die Vor- und Nachteile der klassischen Homöopathie. Jeder, der denkt: »Was für ein Quatsch!«, den möchte ich auf Kapitel »Gut für dich, nicht für mich« verweisen und bitten, ebendiesen Satz laut aufzusagen: »Gut für dich, nicht für mich!« Bei Bedarf auch mehrfach. Danach könnt ihr gerne weiterlesen.

Ich habe sehr gute Erfahrungen mit der Homöopathie gemacht, und darum war der Schritt für uns jetzt nicht nennenswert groß. Aber auch wenn uns unsere Ärztin einen Schlangenbeschwörer empfohlen hätte, wir wären dorthin gegangen. Denn wir waren schon längst in der Strohhalmphase. Und wie es bei Homöopathen üblich ist, erzählt man erst mal alles. Und wenn ich sage alles, dann meine ich ALLES. Das war eine perfekte Chance für mich, auch knapp fünf Jahre später noch einmal bis ins Detail die Frühgeburt nachzubuchstabieren. Und das auf Nachfrage, quasi auf Rezept! Mit allen Details.

Der Arzt hörte aufmerksam zu. Er hatte zwanzig Jahre auf der Intensivstation einer Kinderklinik gearbeitet. Er hatte mit Sicherheit schon ganz andere Geschichten erlebt und gehört, aber er gab mir das Gefühl, dass meine Geschichte wichtig war. Und gehört werden durfte. Ja, sogar musste. Ohne ein einziges Wort zu sagen, ging eine Welle der Empathie von ihm aus, die mich aufweichte wie einen Karton im Regen. Nachdem ich mir zwei Stunden lang den Mund fusselig geredet hatte und die Schuld strahlend neben mir auf dem Stuhl saß, nickte er und sagte sehr nüchtern: »Also, wir müssen das hier gar nicht dramatisieren, aber natürlich hat Sam ein Geburtstrauma. Es ist wissenschaftlich erwiesen, dass die ersten Stunden und Tage nach der Geburt das Kind sehr stark prägen. Nicht bewusst, aber sie hinterlassen Spuren auf der emotionalen Ebene. Wann genau wacht er nachts immer auf?«

Natürlich hatte ich auch diese Informationen parat. »Das erste Mal immer gegen 23 Uhr. Und dann ist er von zwei bis vier oder sogar fünf Uhr wach«, antwortete ich. Er nickte.

»Und wie war die Nacht der Geburt?«

Ich musste kurz nachdenken. »Um 23 Uhr wurde es das erste Mal brenzlig, und um zwei Uhr bin ich den OP-Saal geschoben worden.« Er nickte erneut so unaufgeregt wie zuvor, und mit einer großen Weisheit in der Stimme sagte er: »Er erlebt seine Geburt jede Nacht aufs Neue. Das ist nicht schön für ihn. Und natürlich auch nicht für Sie. Und wenn er nicht so ein junger, robuster Mensch wäre, dann würde das auch ganz andere Spuren hinterlassen«, sagte er total nüchtern. »Ich mache mir meine Gedanken dazu und melde mich bei Ihnen.«

Damit hatte ich die fehlende, hochoffizielle Bestätigung erhalten: Ich war schuld. Und zwar nicht nur an der Frühgeburt, sondern auch noch an den beschissenen Nächten. Gleichzeitig aber fühlte es sich an, als hätte ich das eine entscheidende Teil eines 1500er-Puzzles entdeckt: Darum also konnte ich ihn nachts nicht an Marc abgeben. Darum fühlte ich mich verpflichtet, die Nächte durchzustehen.

Nach ein paar Tagen erhielt ich einen Brief mit ein paar homöopathischen Kügelchen und der Anweisung, wie viele wir davon Sam geben sollten.

Wir gaben ihm die Kügelchen nach Vorschrift und Sam schlief durch. Von einem Tag auf den anderen. Als wäre es nie anders gewesen. Es gab keine Albträume mehr. Es gab seit diesem Tag nie wieder eine Nacht, in der wir uns mitten in der Nacht am liebsten die Haare ausgerissen und uns vor Erschöpfung angebrüllt hätten. Nicht umsonst heißt diese Phase im Verlauf der Nacht in der Seefahrersprache die »Schweinewache«.

Was mit den schlaflosen Nächten ebenfalls verschwand, war meine Schuld. Sie hatte sich ohne großes Aufheben verabschiedet. Ich hatte sie richtig angesehen und gehen lassen können. Fast fünf Jahre hatte ich dafür gebraucht. Aber dann bekam ich endlich den Schlüssel in die Hand und öffnete ihr die Tür. Und sie verschwand – einfach so.

Raffaella fragt

»Wie hast du dich verändert in der London-Zeit?«, fragt mich meine Freundin Raffaella, während wir Anfang Oktober bei ihr auf der Couch rumliegen und zusehen, wie die ersten Bäume ihre Blätter verlieren. »Oder anders gefragt: Was hat sich an und in dir verändert?« Wir sind mittlerweile seit drei Monaten wieder in Deutschland. Sam geht wieder in seinen Kindergarten. Er genießt die Ruhe, dort das unbeschwerte Kind sein zu dürfen, das er ist. Die Erzieher lassen ihn ankommen. Am Anfang reagiert er auf alles, was er tun soll, mit Ablehnung. Als ob er sich seinen Raum und sein Tempo zurückerobern wolle. »Wir lassen ihn einfach machen«, sagt mir sein Erzieher. »Mir scheint, Druck hat er in London genug gehabt.« Und ich bin erleichtert.

Raffaellas Frage ist eine sehr typische Raffaella-Frage. Raffaella lässt nie locker. Anders als bei Hilly, mit der ich oft wortlos auf der gleichen Welle schwimme und nur eine bewegte Augenbraue genügt, um sich unvermissverständlich darüber einig zu sein, wie der Rest des Lebens zu verlaufen hat, oder wie wir zum Weltfrieden gelangen können, ist Raffaella meine Freundin, die nachbohrt, die es ausgesprochen haben möchte. Und die mich auf ein »Komma« festtackert und selbst den Singsang meiner Stimme interpretiert. Und genauso wie ich die stumme Kommunikation mit Hilly schätze, liebe ich Raffaella dafür, dass sie mich zwingt, Sätze zu formulieren. Und nicht nur einen. Nein, Raffaella mag es ausführlich und differenziert. Wie man an der Fragestellung etwas weiter oben gut merken kann.

»Kommt man denn von einer Reise jemals als dieselbe zurück?«, versuche ich, mich auf einen Allgemeinplatz zu flüchten. Aber ich hätte es mir denken können: Raffaella lässt mich damit nicht vom Haken. »Natürlich nicht!«, raunzt sie abschätzig. Okay. Ich muss also noch nachlegen.

Aber was hat sich denn genau an mir und in mir verändert?
Ich habe das Gefühl, dass mein Kopf und mein Herz größer geworden sind – und gleichzeitig präziser. Es ist wie eine Grenzverschiebung. Es ist, als ob mehr Raum da sei für eine größere Gefühlsvielfalt und doch mehr Entschiedenheit für den eigenen Weg. Ich habe erlebt, wie unterschiedlich Mütter aus aller Welt mit ihren Kindern

umgehen. Das hat mich aus meiner starren Haltung à la »My way or the highway« entlassen. Und gleichzeitig habe ich gelernt, mit großer Klarheit meinen Weg zu gehen, an meinen Überzeugungen festzuhalten. Und zwar, ganz egal ob es andere doof finden oder nicht. Gummibärchen für Sam als zweites Frühstück? Ja, wenn man Weltschmerz hat, ist das eine Spitzenidee. Du findest das doof? Macht nichts. Ich nicht.

Tenniscamp für Vierjährige? Wie sehr würde ich mir wünschen, dass Sam darauf steht. Das wäre so praktisch, wenn er mit seinen Freunden Sport macht und ich in der Zeit mit den Müttern Kaffee trinke. Oder arbeite. Oder beides. Er findet es aber total bescheuert. Und nein, ich werde ihn nicht dorthin prügeln. Vielleicht mag er es mit neun, 16 oder 89 Jahren, vielleicht auch nie. Mein Sohn ist manchmal unbequem, und ich stehe dazu. Und nein, ich sehe das nicht als verhätscheln an; und ja, ich kann ihm klar und deutlich meine Grenzen aufzeigen, aber verbiegen mag ich ihn nicht.

Was sich bei mir noch geändert hat? Ich bin doch deutscher, als ich dachte, und habe in diesem Land ganz unverkennbar meine Wurzeln. Man merkt erst, wie sehr man durch sein Land sozialisiert ist, wenn man nicht mehr dort lebt. Wir haben in London mit der ganzen Welt zu tun gehabt. Und trotzdem gab es in der deutschen

Oktober

Community dort ein stilles Verständnis über Werte, über die Herkunft. Man teilt die gleiche Sozialisierung, man teilt, dass man mit dem Sandmännchen groß geworden ist, man teilt den Laternenumzug und auch faden Hagebuttentee im Kindergarten.

Ich habe erfahren, wie weit England von uns entfernt ist. Nicht die Geografie trennt uns, aber die Mentalität. Und ich habe gesehen, wie sehr man sich missverstehen kann, obwohl man der Ansicht ist, dass man eigentlich ziemlich gut Englisch spricht. Marc hat es im Job in London besonders schmerzhaft erfahren müssen, wo genau die Fallstricke der englischen Sprache liegen. Denn wenn ein Kunde ihm auf ein Angebot mit den Worten antwortet: »That is a brave proposal«, dann heißt das nicht, wie wir es eins zu eins übersetzen könnten: »Das Angebot ist wirklich mutig!«, sondern: »Habt ihr eigentlich einen Knall?« Die Feinheiten der englischen Sprache sind unendlich. Genau wie ihr Humor.

Und den Humor, ja den würde ich am liebsten zu 100 Prozent einpacken und in Deutschland anpflanzen. Denn über sich selbst zu lachen, macht nicht nur gute Laune, sondern ich behaupte sogar, es verlängert das Leben. Auf jeden Fall macht das Leben damit sehr viel mehr Spaß.

Raffaella fragt

»Und wie war die englische Küche?«, hakt Raffaella nach, die selber am liebsten von morgens bis abends nur kochen würde und Kochbücher sogar zum Einschlafen liest. Die Küche war unfassbar gut. Wobei ich hinzufügen muss, dass London natürlich nicht England ist. Aber die Qualität der Lebensmittel im Supermarkt oder auf den Märkten ist um Längen besser als bei uns. Warum, das habe ich bis heute nicht verstanden.

»Was noch?«, fragt Raffaella weiter.

Ich habe wieder gemerkt, dass ich unterwegs sein muss. Ich muss fliegen können, und sämtliche Versuche, mich sesshaft zu machen, sind pure Zeitverschwendung. Ich bin eigentlich wie für den Jetset gemacht, nur leider ohne das nötige Kleingeld, um über die Welt verstreut acht Häuser mit Personal zu unterhalten. Meine Ziele haben sich neu justiert. Man ist so schnell im Hamsterrad von »gute Schule«, »größeres Haus« oder »besseres Auto«. Ganz frei machen kann ich mich davon natürlich nicht, wer kann das schon? Aber »mehr erleben«, »mehr reisen« und »noch mehr Perspektiven zulassen« nimmt seit London einen größeren Raum ein. Weil ich wieder mal gemerkt habe, wie reich mich Begegnungen und Erfahrungen machen. Und sekundär und flüchtig alles andere ist.

Oktober

Ich habe einen anderen Blick auf Familie bekommen. Die Familien in unserem Umfeld hatten alle mehr als ein Kind, oft sogar drei. Und es war selbstverständlich. Trotz aller Härte, die diese Stadt hat, strahlt sie trotzdem etwas Kinderfreundliches aus.

»Albert Camus hat mal gesagt: »Das Reisen führt uns zu uns zurück«, gebe ich zum Besten, »ich würde sagen, das trifft es ganz gut.«

»Klugscheißerin«, murmelt Raffaella, »seit wann liest *du* denn Camus?«

»Hat wahrscheinlich jemand mal bei Facebook gepostet«, antworte ich.

Aber es stimmt. Denn meine größte Erkenntnis aus den Monaten ist vielleicht nur ein Nebenprodukt aller Erfahrungen »is yet to come«, wie die Engländer so schön sagen.

Sams fünfter Geburtstag

Vor knapp einem Jahr haben wir unseren Ausflug nach London begonnen. An Sams viertem Geburtstag war ich mental schon voll in der Planung. Und jetzt steht der fünfte Geburtstag an.

Jeder, der Kinder hat, weiß, dass Kindergeburtstage gleichzusetzen sind mit Großbränden oder Weltuntergängen. Sie rauben den Erziehungsberechtigten den letzten Nerv, und oft ist die einzige Lösung Alkohol. Und knallharte Organisation.

Ich habe mich ja nun schon in allen Schattierungen über die straffe Londoner Geburtstagsorganisation ausgelassen, aber ich muss zugeben, ich war auch nach Kindergeburtstagen noch nie so entspannt. Als Gast wohlgemerkt. Und im Nachhinein verstehe ich auch unsere Berliner Nachbarn: Am fünften Geburtstag unseres Nachbarkindes Ben vor ein paar Jahren lief sein Vater wie ein Offizier vor der Kompanie her und stellte jeden in den Stiefel, der

November

wagte, aus der Reihe zu treten. Damals beobachtete ich das Ganze mit einem kleinen, süßen Baby-Sam auf dem Schoß und dachte: »Puh, ist der streng!«. Heute denke ich: »Solche Samthandschuhe gibt es bei mir nicht!«

Den fünften Geburtstag muss ich schon aus reinem Selbstschutz so gut organisieren, weil Marc nicht da ist und mir nicht helfen kann, sondern beruflich in London sein muss. Es ist nicht klar, wer mehr unter der Tatsache leidet, Marc oder ich. Sam interessiert es relativ wenig, muss man dazu sagen. Sein einziges Interesse besteht darin, ob auch ja genug Süßigkeiten für die Party da sind.

Mein Bruder Valentin wird eingespannt. Männliche Energie ist immer gut bei vielen Kindern, außerdem kann er gut Mammuts zeichnen, und Sam will ein Mammut auf dem Kuchen. Und Sams Patentante Hilly ist auch mit von der Partie. Sie dient aber eher für mich als psychologische Unterstützung. Und tatsächlich, diese generalstabsmäßige Planung hilft enorm. Auch dass Sam nicht nur Jungs, sondern tatsächlich auch drei Mädchen eingeladen hat, was die Hälfte der geladenen Gästeschar ausmacht und – ach, das weibliche Geschlecht ist ja so ausgleichend bei all dem Testosteron, das schon Fünfjährige in großen Mengen versprühen. Nach Schatzsuche und Topfschlagen sitzt ein glückliches, müdes Kind am Abendbrottisch und sagt mit leuchtenden Augen »Mama, die Schatzsuche war so toll!« – »Ja? Bist du glücklich?«, frage ich. »Ja, nur die Deko war nish so shön wie letztes Mal. Wo sind die Luftslangen?« – »Kommen dann beim nächsten Mal wieder! Versprochen!«, beruhige ich ihn.

Valentin hat das Schlachtfeld mit dem letzten Geburtstagsgast verlassen, Hilly eilte gleich hinterher, und nachdem ich Sam ins Bett gebracht habe, stehe ich in dem Kindergeburtstagschaos aus Geschenkpapier, Gummibärchen und Kuchenresten. Irgendwas fehlt mir.

Ich bin mir nicht sicher was. Der Geburtstag lief erstaunlich smooth bis auf die Tatsache, dass wir zu wenig Klopapier hatten. Wir haben uns dann mit Spiderman-Serviceten ausgeholfen. Wenn es das nicht ist, was ist es dann?

Draußen ist es bereits dunkel, und man merkt, dass Weihnachten vor der Tür steht. Bin ich einfach nur sentimental? Die übliche Vorweihnachts-Spekulatius-Ende-des-Jahres-Stimmung, die immer eine gewisse Sentimentalität hervorruft? Ich räume den Tisch ab und kratze den Schokokuchen vom Fußboden darunter. Ich fülle die Papiertonne bis zum Deckel mit Unmengen an Geschenkpapier. Ist es einfach der dicke Erkältungskopf, den ich habe? Die Grippe, die im Anflug ist?

November

Ich telefoniere mit Marc, während ich die Spülmaschine einräume und ihm von diesem unaufgeregten Kindergeburtstag berichte.

»Ich wäre so gerne dabei gewesen«, sagt er. Ja, er hat auch wirklich gefehlt. Aber so ist unser Leben eben. Unsere Leben sind beide ziemlich voll. Wir genießen beide die Zeit, die jeder für sich hat. Genauso wie wir Zeit genießen, die wir gemeinsam verbringen.

Das Schlachtfeld ist erstaunlich schnell bewältigt, und ich lege mich mit einer großen Kanne Erkältungstee ins Bett. Sam liegt neben mir und seufzt glücklich im Schlaf. Er dreht sich zu mir und kuschelt sich an mich.

Ich schaue hinaus in die Winternacht und hänge meinen Gedanken nach, während ich den warmen Atem meines Sohnes an meinem Hals spüre. Ich muss an seine Geburt vor fünf Jahren denken, wie ich um diese Zeit herum im Kreißsaal lag. Ich lasse die ersten Jahre Revue passieren, die vielen Hochs und Tiefs, die schlaflosen Nächte und die Momente, in denen er mich so berührt hat, dass ich aus dem Stand hätte heulen können. Sein erstes »Mama«, bei dem jedes Mutterherz wie Butter im Hochsommer schmilzt, die ersten Schritte, die ersten Worte, das erste »Love you, Mama«, bei dem ich gefühlt eine Woche aus rührseligem Schluchzen nicht mehr rauskam.

Die ersten Ausflüge als Familie, die ersten langen gemeinsamen Reisen, die Kämpfe mit mir selbst und mit meinem Wunsch nach Autonomie und Freiheit. Die Kämpfe mit Marc, die Verhandlungen über die Rollen- und Aufgabenverteilung und die sich verändernden Definitionen von unserer Position als Eltern. Das große Glück im Wechsel mit den Nervenzusammenbrüchen. Das Leben eben.

Ich denke an London und wie sehr mich und uns diese Monate geprägt haben. Wie Sams Sprache nach wie vor ein Denglish ist und er mir erst gestern ganz stolz zu berichten wusste: »Mama, ich speak die Sprache in die country where we live schon viel better!« Wie er immer wieder von seinen Freunden Chris, Haruto und Jimmy und vor allem von seiner Babysitterin Mary erzählt, die mit ihm London entdeckte.

Und während ich weiter meine Erinnerungen sortiere, merke ich plötzlich, wie sich ein Gedanke anschleicht. Oder besser gesagt eine Erkenntnis, die aus der Summe der letzten Jahre entstanden ist, aber vielleicht ihren letzten Schliff in London bekommen hat. So fühlt es sich auf jeden Fall an.

»Du bist ein Familienmensch, Lucie«, sagt da eine Stimme in mir.

»Was?«, hake ich innerlich laut und ungläubig nach. Sam schnarcht jetzt in mein Ohr.

»Ja, du bist viel mehr Familienmensch, als du es je zugeben wolltest, und du fühlst dich heute so fad, weil ihr nicht komplett wart.«

Die innere Stimme lässt mich mit der Info alleine und äußert sich nicht weiter dazu. Mein erster Impuls ist erst mal Gegenwehr und Irritation. Was soll überhaupt diese Klassifizierung, ich bin ich und habe auch Familie. Und ich habe sie auch gerne.

Der Widerstand bröckelt merklich, Sam schmatzt und schnauft ein Wort, das wie »Wertstoffverbrennungsanlage« klingt, aber auch »Wo ist meine Lego-Anlage« heißen könnte.

Es dauert nicht lange, und diese relativ nüchterne Feststellung hat Halt in mir gefunden und Wurzeln geschlagen. Ich bin ein Familienmensch. Es ist tatsächlich meine Familie, aus der ich meine Kraft schöpfe.

Für alles: für das Schreiben, den Alltag und allen Wahnsinn, der so passiert. Die Quelle meiner Kraft ist in den vergangenen Jahren ironischerweise immer wieder mein größter Gegner gewesen. Sie fordert mich, sie nervt mich, aber sie ist mein Schutzraum, mein Auffangnetz, mein

Nährboden. Und die Monate in London – raus aus dem Alltag und den alten Berliner Gewohnheiten – haben der Erkenntnis ein richtiges Gesicht gegeben.

»Mann, Mann, Mann, Lucie!«, sage ich laut. Ich habe tatsächlich fünf Jahre, gefühlte 38 Fluchtversuche, sieben Monate London, Pi mal Daumen 59 Gin Tonics und ich weiß nicht wie viele Nervenzusammenbrüche gebraucht, um mir das einzugestehen.

Sams Rückblick auf London

»Mama, wenn man die Street da runtergeht, da ist doch mein Lieblings-Toystore!«, quietscht Sam, als wir durch unsere alte Nachbarschaft in Kensington schlendern.

Wir sind fünf Monate seit unserem Umzug nach Berlin das erste Mal wieder in London. Um Freunde zu treffen. Um die Vorweihnachtsstimmung in London zu genießen. Um zusammen mit Sam, der sich ganz oft nach London zurücksehnt, in Erinnerungen zu schwelgen. Ziemlich genau vor einem Jahr waren wir in der Hochphase der London-Planung. Jetzt sind wir schon wieder zurück in Berlin und nur noch zu Besuch hier.

Ich bin erstaunt, dass er sich an so vieles zu erinnern scheint. Vor allem an so wahnsinnig kleine Details.

»Hier habe ich mal eine Dog eine treat gegeben«, sagt er, und er hat recht, ja, genau hier an dieser Hausecke hat er mal ein Leckerli an einen Hund verfüttert. Ich hätte mich da spontan jetzt nicht dran erinnert, aber als er es erwähnt, habe ich die Bilder wieder vor Augen. Es war so ein kleiner, furchtbar hässlicher kleiner Köter mit verfilztem Fell und leichtem Silberblick, aber Sam fand ihn »Soooo sweet, Mama!« Er bewegt sich in seinem alten Umfeld, als wäre er gestern das letzte Mal hier gewesen. Diese sieben Monate haben nicht nur bei mir, sondern ganz eindeutig auch bei ihm einen sehr bleibenden Eindruck hinterlassen.

»Und diesen Weg sind wir jeden Morgen zum Kindergarten gelaufen!«, sage ich und bin mir sicher, dass er mir gleich zustimmt.

»Nö, ich remember nicht die Weg«, sagt Sam komplett desinteressiert.

»Wirklich?«, hake ich mehrfach nach und bin ziemlich irritiert. Er erinnert sich daran, wo er Leckerli verteilt hat und an jeden Blumentopf, aber nicht an diesen Weg? Den sind wir doch täglich gelaufen.

»Aber hier habe ich den dog von der Queen gestreichelt!«, jubelt er vor Freude, als wir am großen Tor zum Kensington Palace vorbeigehen. Interessant, dass er sich an das einmalige Erlebnis mit dem königlichen Hund erinnert, aber nicht an den täglichen Weg.

Sams Rückblick auf London

Gut, der Hund war auch wirklich eine Sensation. Marc hatte Sam an diesem Morgen zum Kindergarten gebracht, und als sie die Kensington Gardens passierten, kam ihnen ein schwarzer kleiner Hund entgegen. Kurz dahinter sprintete »Her Majesty's Dogsitter«, gefolgt von der schnaufenden Security. Lupo, der Hund von Kate und William, hatte sich aus dem Staub gemacht und sprang nun an Sams Bein hoch. Wir gehören seitdem quasi ehrenhalber zur Royal Family, versteht sich.

Wir laufen weiter, und er zeigt auf ein kleines Café, in dem ich mir regelmäßig einen Kaffee geholt habe.

»Und da gibt es die fruitbars«, sagt er. Stimmt. Da hat er sich immer Früchteriegel ausgesucht. Mmh, er scheint eine sehr interessante selektive Wahrnehmung zu haben. Aber nach welchem Filter sortiert er? Ich hab es noch nicht herausgefunden.

Wir nähern uns seinem ehemaligen Kindergarten. Es sind keine großartigen Regungen zu bemerken. Als wir vor der Tür stehen, fragt er: »Können wir Miss Catarina besuchen?«

Ach, an Miss Catarina erinnert er sich aber?

Wir gehen rein, und er begrüßt sie sehr freudig. Und sie ihn auch. Miss Amanda winkt er generös zu, und dann widmet er sich den Kindern. »Mama, ich kenn nur noch two children here. Die anderen sind alle schon in der Schule!«

Er sieht sich in seiner ehemaligen *nursery* um, fragt Miss Amanda, ob sie noch einen Keks für ihn hat: »The yummy cookies!«

Sie bejaht, er knabbert am Keks und gibt mit vollem Mund bekannt: »Wir gehen jetzt, Mama!« Nee, ist klar. Programmpunkt abgehakt. Miss Caterina kriegt einen Kuss auf die Wange, Miss Amanda ein zweites gönnerhaftes Winken zum Abschied.

Wir setzen unseren nostalgischen Spaziergang fort. Jimmy wohnt nur zwei Straßen von der Schule entfernt, und Sam weiß sofort, in welchem Haus, und rennt hin. Doch Jimmys Familie ist vor Kurzem zurück nach Schweden gezogen.

»Es war zu viel Stress«, schrieb mir Jimmys Mutter, als ich sie nach den Gründen fragte. »Eigentlich habe ich London so genossen. Ich liebe es, im Ausland zu leben. Diese Nanny-Kultur in London und das Wertungsfreie waren für mich und meine Arbeit ein Segen. Aber das Tempo dieser Stadt, der ewige Gelddruck, und dieser Stress mit der richtigen Schulwahl. Das war einfach zu viel. Die Kinder sind so viel entspannter, seit wir zurück sind.«

Wir laufen weiter durch Kensington. »Mama, here wohnt Avi!« »Wohnte!«, korrigiere ich. Denn auch Sasha ist zurück nach Hause in die Staaten gezogen. Wir haben sie nur um ein paar Tage verpasst. So ist das in London. Die Stadt ist in Bezirken wie Kensington ähnlich einer Wäschetrommel mit integriertem Durchlauferhitzer. Man kommt an, die Temperatur wird hochgedreht und dann geht der Schleudergang los. Da kann man auch schon mal rausfliegen. Oder keine Lust mehr haben, sich weiter festzuhalten.

»Mama, gehen wir zu Lily?«, fragt er, und ich bin etwas erstaunt, dass er sich an sie erinnert. Lily hatte bereits im Mai auf ihre neue Schule gewechselt, aber sie war seine erste große Liebe. Nach Lily war Sam sehr in June verliebt. Getreu dem Motto »Wer lange trauert, hat weniger Zeit, Spaß zu haben«. Das ging so weit, dass mich Miss Amanda damals mit den Worten zur Seite nahm: »Also, wir sind uns jetzt nicht sicher, ob wir Sie informieren sollten. Die beiden flirten die ganze Zeit und haben sich gestern sogar geküsst!« Ich musste sehr lachen und versuchte, Miss Amanda zu beruhigen. Als ich Junes Vater einmal gegenüber erwähnte, dass die beiden wohl knutschen, war seine herrlich pragmatische Antwort: »Okay, Sam nehmen wir. In Deutschland zahlen doch auch die Eltern des Bräutigams die Hochzeit, richtig?«

Sams Rückblick auf London

Aber die Erinnerung an June ist mit der Zeit verblasst, und nur Lily ist in diesen heiligen Hallen seines Herzens geblieben.

Wir gehen bei Lily vorbei. Und die beiden nehmen die Fäden sofort wieder dort auf, wo sie im letzten Frühling geknüpft worden waren.

»Mary sehen«, steht natürlich ganz oben auf unserer London-To-do-Liste. Die Liebe zu seiner Nanny ist ungebrochen. »Mary, Mary, Maaaary«, singt er, seit wir verkündet haben, dass wir einen Ausflug nach London machen.

Was ist bei Sam geblieben von London? Während wir die alten Trampelpfade begehen, stelle ich zunehmend fest, dass er sich einfach nur die Dinge gemerkt hat, die ihm gutgetan und ihm gefallen haben. Das Piratenboot auf dem *Diana Memorial Playground*, der kleine Spielzeugladen um die Ecke von unserer Wohnung. Der Hinterhof, in dem die zwei kleinen Hunde wohnen. Der Weg zum *Natural History Museum*, wo der Waran ausgestellt ist. Den kleinen indischen Kiosk, der dieses leckere salzige Gebäck verkauft. Er erinnert sich an Regentage mit Mary und erzählt mir, wie sie und wo sie an welcher Stelle, in welche Pfütze gesprungen sind. Er erinnert sich an die Menschen, die Begegnungen, und seien sie noch so klein, die ihn positiv berührt haben. Ich weiß, er hat am Anfang wirklich gelitten. Aber jetzt ist es durch, und er hat in sich Platz geschaffen, um diese Sollstelle mit den schönen Dingen zu füllen. Ich betrachte meinen kleinen Master of Memories und denke: »Dieser Umgang mit Erlebnissen ist so extrem effektiv. Aber nicht nur das, es ist richtiggehend weise.« Und ich frage mich, warum ich das nicht auch öfter so gestalte? Unschöne Erfahrungen prägen und formen uns, sie gehören dazu, nur der Umgang mit ihnen ist wichtig. Wie man sie in sein Leben einbaut, welchen Stellenwert sie bekommen und welchen Raum man ihnen lässt.

Ich finde diesen Gedanken total inspirierend. Das Negative hat einen ja sowieso berührt und geformt, aber warum jetzt noch mehr Zeit darauf investieren, wenn man es sich angesehen, erlebt und überwunden hat? Es ist so gesund, sich jetzt und hier für das Schöne zu entscheiden und alles andere ziehen zu lassen.

»Forever is composed of Nows«, schrieb die amerikanische Dichterin Emily Dickinson. Wir alle haben die Wahl, welche *Nows* unsere Ewigkeit bilden.

»War das schön heute?«, frage ich ihn abends, als wir im Bett liegen und ein Buch lesen. Er nickt. »Mama, kann ich morgen wieder zu Miss Caterina?« Ich lache: »Jetzt willst du in den Kindergarten? Du wolltest da doch sonst nicht so gerne hin.«

»Ich mag nish zu Lunch bleiben, aber dann kann mich doch Mary abholen, und dann spiele ich mit Haruto und Chris!« Er kuschelt sich an mich. »Mama, können wir es so machen: Ich gehe mal hier in die Kindergarten in Ingländ, und wenn ich meine Freunde in Berlin vermisse, dann gehen wir wieder dahin. Und dann immer abwechseln. Ja, machen wir das so?«

Wie clever. Er nimmt sich einfach das Beste aus den zwei Welten. Jetzt verstehe ich auch den Filter, mit dem er seine Erinnerungen sortiert: Schlechte Erinnerung spielen keine Rolle mehr, der Fokus liegt auf den schönen Momenten. Völlig unaufgeregt und ohne großes Tamtam. Wer war noch mal mit Miss Amanda? Ach ja, für Kekse war sie gut! Und June? Ja, nett, nur leider die zweite Geige. Die erste große Liebe ist und bleibt Lily. Der Weg zum Kindergarten? Suboptimal, weil Mama da immer genervt hat, dass ich doch auch am Nachmittag dort bleiben soll. Mary? Groooße Liebe. Wobei Sam die längste Zeit davon ausging, dass Mary ein Junge ist mit ihrer kurzen wasserstoffblonden David-Bowie-Frisur. Er hat sehr gelacht, als sie ihm irgendwann unmissverständlich klarmachte: »I am a GIRL!«

Die Welt ist gleichzeitig größer und kleiner geworden für ihn. Denn Kleines wird groß, Großes wird klein. Weil man selbst entscheidet, welchen Wert welches Ereignis hat. Wir müssen nur hinsehen, hinspüren und hinhören, dann hält das Leben uns ein großes Geschenk bereit. Wie schön, dass mein Sohn mich daran erinnert.

Und wie schön, dass ich durch meinen Sohn so viel lernen kann.

Dank

Von ganzem Herzen geht mein erster großer Dank an meine Freundin und Lektorin Kerstin Schöps. Ohne dich geht Nichts!

Ich danke unseren neuen und alten Freunden in London für unglaublich schöne, pralle Monate in dieser Stadt. I'll be back!

Herzlichen Dank an Random House, allen voran meinem Lektor Jacob Thomas für alle Detailarbeit und Begeisterung für meinen Text. Ich weiß es sehr zu schätzen! (Auch wenn ich ab und zu geflucht habe.)

Großer Dank geht an meine Agentin Petra Eggers fürs »Fels in der Brandung«-Sein.

Und last but not least danke ich meinem Mann David und meinem Sohn Noah.
    Was für ein großartiges Leben haben wir doch!

Unsere Leseempfehlung

288 Seiten
Auch als E-Book
erhältlich

Morgenübelkeit statt Businessbrunch, Schwangerschaftshose statt sexy Jeans, Turnschuhe statt High Heels – Mutter werden kann einem das Leben ganz schön auf den Kopf stellen. Witzig, ungeschönt und ungeniert schildert die Bloggerin Tanya Neufeldt alias Lucie Marshall den Wahnsinn, der über einen hereinbricht, wenn man mit Ende 30 ein Kind bekommt und bisher ein unabhängiges, glamouröses Leben gewöhnt war. Ein must-have für alle Mamas mit Style!

www.goldmann-verlag.de
www.facebook.com/goldmannverlag

Unsere Leseempfehlung

336 Seiten
Auch als E-Book
erhältlich

Das erste Service-Buch mit den wichtigsten Informationen rund um Schwangerschaft und das erste Jahr mit dem Baby. Hier finden werdende und frischgebackene Eltern alles, was sie wissen müssen: Checklisten für die To-dos vor und nach der Geburt, Infos zum passenden Kinderwagen, Behördengänge aller Art (von Mutterschutz über Elternzeit bis Kindergeld), die nützlichsten Apps und Websites oder die besten Bücher – dieses einzigartige Nachschlagewerk versammelt alles, was den Alltag mit Baby leichter macht. Jetzt komplett aktualisiert und überarbeitet!

www.goldmann-verlag.de
www.facebook.com/goldmannverlag